Schwester Franziska

Der Messias wird wiederkommen

Schwester Franziska

Der Messias wird wiederkommen

Schwester Franziska spricht zu Muslimen

Fromm Verlag

Imprint
Any brand names and product names mentioned in this book are subject to trademark, brand or patent protection and are trademarks or registered trademarks of their respective holders. The use of brand names, product names, common names, trade names, product descriptions etc. even without a particular marking in this work is in no way to be construed to mean that such names may be regarded as unrestricted in respect of trademark and brand protection legislation and could thus be used by anyone.

Cover image: www.ingimage.com

Publisher:
Fromm Verlag
is a trademark of
Dodo Books Indian Ocean Ltd. and OmniScriptum S.R.L publishing group

120 High Road, East Finchley, London, N2 9ED, United Kingdom
Str. Armeneasca 28/1, office 1, Chisinau MD-2012, Republic of Moldova, Europe
Printed at: see last page
ISBN: 978-613-8-37971-3

Inhaltsverzeichnis

1. ʿĪsās Vorfahren: der Sinn von Geschichte und der Sinn des Leidens 3
2. Schutz vor *Raǧīm* (dem Verfluchten) finden 5
3. In welchem Sinn ist Maryam die „Schwester Aarons"? 9
4. Maryam im Haus von Zacharias' Frau 11
5. Bedeutet das Wort ʿĪsā *walad* (Kind) oder *ibn* (Sohn)? 13
6. Die jungfräuliche Mutter eines „Wortes" 15
7. Die *Kalima* (das Tat-Wort) 17
8. Hast du gesagt: „Haltet mich und meine Mutter für zwei Götter?" 19
9. Wirft Maryam ein Licht auf die Unterwerfung zu Gott? 21
10. Gottes Wille: den Willen Marias respektieren 23
11. Ist es gut oder schlecht, dem Schicksal ergeben zu sein? 25
12. Maryam preist den Allerbarmer, den Barmherzigen 29
13. Der Palmenbaum, die Kathisma-Kirche und der Felsendom 31
14. Zeichen, die rund um die Geburt Jesu geschehen 35
15. Der treue und wahrhaftige Zeuge 37
16. Rechtfertigung durch Wunder? 39
17. Niemand ist in den Himmel hinaufgestiegen als der, der vom Himmel herabgestiegen ist 41
18. Was bedeutet „Jesus ist der Herr"? 43
19. Kann man durch Mel Gibsons Film den Tod Jesu verstehen? 45
20. Aus der Spirale des Bösen ausbrechen: Vergebung 47
21. Ist ʿĪsā von den Toten auferstanden, um sich zu rächen? 49
22. Ist Muḥammad der von ʿĪsā verheißene Paraklet? 51
23. Ǧibrīl, der Heilige Geist und der Koran 53
24. Wein und die eschatologischen Realitäten 55
25. Der messianistische Geist : Ist die Welt zum Versklaven da? 57
26. Laizismus / Islamismus: Sind das nicht beides Alpträume? 59
27. Eschatologie, eine Grundlage für Manipulation? 63
28. Was kann man vom Antichristen (*ad-Daǧǧāl*) sagen? 65
29. Jüdischer Tempel, ʿUmar-Moschee, dritter Tempel 67
30. Um welche Gemeinschaft auf Erden geht es? 69
31. Der Antichrist – der *Daǧǧāl* 73
32. Wo, wann und wie wird der Antichrist beseitigt? 75
33. Der Mahdī 77
34. Wie kann man sich auf das Gericht vorbereiten 79
35. Die Zeit des Friedens *nach dem* Tod des Antichrist 81
36. Der Mahdī: Schiitische Besonderheiten 83

37. Der Mahdī: Besonderheiten bei den Sufis 85

38. ʿĪsās Stammbaum von Adam an: der Sinn von Geschichte 87

39. Einer Macht unterworfen sein oder im Göttlichen Willen leben? 89

Endnoten 91

1. ʿĪsās Vorfahren: der Sinn von Geschichte und der Sinn des Leidens

Der Koran spricht von Moses (*Mūsā*), und die Bibel erläutert seine Rolle in der Geschichte. Als Israel dem Pharao entkam und aus Ägypten auszog, offenbarte sich Gott als derjenige, der das Elend sieht und herabkommt, um Befreiung vom Unterdrücker zu bringen (Exodus 3:7-8). Er ruft auch dazu auf, die von Menschen geschaffenen Götzen aufzugeben und aus okkulten Systemen auszusteigen, weil beides den wahren Gott verdunkelt und die Menschen versklavt. Am Berg Sinai hatte Israel dem zugestimmt (Exodus 19), und das Volk hörte allmählich auf, Unrecht zu tun und Magie zu treiben (Exodus 22:17-26): Es beendete Kinderopfer und Prostitution, die zu den magischen Riten für die Baale gehörten, welche der Prophet Baruch als Dämonenanbetung bezeichnet (Baruch 4:7). Israels neue Art zu leben führte allmählich zur Organisationsform eines Königreichs, vor allem mit König David (*Dāwud*).[1]

Der Koran zitiert mehrere biblische Propheten, wie Nahum, Maleachi, Jeremia und Jesaja. Sie lebten zu Zeiten großer Heimsuchungen. Nachdem das Königreich Samaria 721 v. Chr. an die Assyrer gefallen war, konnten die Gläubigen nicht mehr durch Siege getröstet werden, sondern von nun an wurden die Menschen bei der Unterscheidung von Gut und Böse nur noch durch innere Zeichen geführt. Jerusalem wurde im Jahr 598 v. Chr. niedergebrannt. Und Gott schien zu schweigen. Die Propheten beteten. Mussten die Menschen für ihre Sünde oder die ihrer Vorfahren büßen? Es war an der Zeit, demütiger zu werden, unendlich viel demütiger. Der persische Herrscher Cyrus der Grosse, glaubte an eine einzige Gottheit, Ahura-Mazda, die es ihm ermöglichte, sein Reich friedlich zu zentralisieren und Philosophen und Glauben zu vereinen, aber es war eine abstrakte, unpersönliche Gottheit. Der Prophet Jesaja war von ihr nicht beeindruckt, er stimmte zwar der Idee eines einzigen Gottes zu, aber dieser Gott ist der persönliche Gott, der sich am Berg Sinai geoffenbart hatte (Jesaja 44:6).

Eines Tages kehrten die Exilanten in ihr Land zurück. Der Tempel wurde wiederaufgebaut. Einige meinten demütig, niemand könne behaupten, er verstehe das himmlische Licht, nicht einmal der Sanhedrin, denn die Sünde trübe die Herzen zu sehr. Gott brauchte einen nicht mit Händen gemachten Tempel, einen himmlischen Tempel, eine neue Art von Vergebung, dann hätte man Licht. „Ach, dass du doch den Himmel zerrissest, hernieder-stiegst, dass Berge vor dir in Schwanken gerieten!" (Jesaja 63:19).

Der Prophet Daniel kündigt das Kommen von *al-Masīḥ* an, einem Messias „im Allerheiligsten", der Wohnung Gottes, er ist auch „Messias-Fürst", also König, aber auch „massakrierter Messias" (Dan 9:24-26). Daniels Prophezeiung erstreckt sich über siebzig Wochen, die nach den numerischen Gewohnheiten des alten Ostens gelesen werden, so dass sie höchstwahrscheinlich in Wochen, die aus Jahren bestehen (Dan 9:24-25), dann aus Monaten (Dan 9:26), dann aus Tagen (Dan 9:27) gezählt werden, mit einer Spanne von 70 Jahren, d.h. für einen Zeitraum, der das Leben von Maryam und ihrem Sohn *al-Masīḥ* umfasst.

Der Weise aus dem Buch der Weisheit denkt über den Irrtum der Gottlosen nach, die sagen: „Ist der Gerechte wirklich der Sohn Gottes, dann nimmt sich Gott seiner an und entreißt ihn der Hand seiner Gegner. Durch Erniedrigung und Folter wollen wir ihn auf die Probe stellen, um seine Sanftmut kennenzulernen und seine Widerstandskraft auf die Probe zu stellen. Zu einem ehrlosen Tod wollen wir ihn verurteilen, er behauptet ja, es werde ihm Hilfe zuteil" (Weisheit 2:18-20). Und der Weise bemerkt: „So denken sie, aber sie irren sich, denn ihre Schlechtigkeit macht sie blind. Sie verstehen von Gottes Geheimnissen nichts, sie hoffen nicht auf Lohn für Heiligkeit, sie erwarten keine Belohnung für reine Seelen [...] Doch durch den Neid des Teufels [*Iblīs*] kam der Tod in die Welt, und ihn erfahren alle, die ihm angehören!" (Weisheit 2:21-24).

2. Schutz vor *Raǧīm* (dem Verfluchten) finden

Es vergingen für die Hebräer viele Jahrhunderte bis zur Geburt von Maryam. Dem Koran zufolge sagte ihre Mutter nach ihrer Geburt: „Ich habe sie Maryam genannt, und ich stelle sie und ihre Nachkommen unter Deinen Schutz vor dem *Raǧīm* (dem gesteinigten Dämon)" (Sure *Āl ʿImrān*/3:36b). Die Kirche erklärt sogar, dass Maryam seit ihrer Empfängnis vor dämonischen Einflüssen bewahrt war. Die Unbefleckte Empfängnis wurde Maria gewährt „auf Grund einer besonderen Gnade und eines besondern Vorzuges im Hinblick auf die Verdienste ihres Sohnes Jesu Christus, des Erlösers der Menschheit."[2] Mit anderen Worten: Die Kraft, die Maryam aus dem Griff des Raǧīm befreit hat, kommt von ʿĪsā al-Masīḥ, und er, Jesus (*ʿĪsā*), ist es auch, der jeden Menschen von dem verfluchten Dämon befreit. Dies ist, was er sagte:

> „Wenn ihr in meinem Wort bleibt, seid ihr wahrhaft meine
> Jünger! Dann werdet ihr die Wahrheit erkennen! Und die Wahr-
> heit wird euch frei machen" (Johannes 8:31-32).

> „Wer die Sünde tut, ist Sklave der Sünde!
> Und der Sklave aber bleibt nicht für immer im Haus!
> Nur der Sohn bleibt für immer dort!
> Wenn er euch also frei macht, werdet ihr wirklich freie Söhne
> sein!" (Johannes 8:34-36).

Diese Freiheit ist die eines Sohnes, der weiß, wonach er sein Handeln ausrichten muss, und der aus dem Reichtum des Vaterhauses schöpft. Und von demjenigen, von dem Jesus (*ʿĪsā*) uns befreien will, dem Satan (*Šaiṭān*), spricht er folgendermaßen:

> „Er war ein Mörder von Anfang an,
> Und er steht nicht aufrecht in der Wahrheit!
> Denn in ihm ist keine Wahrheit; Und wenn er lügt, sagt er das,
> was aus seiner eigenen Tiefe kommt! Denn er ist ein Lügner
> und der Vater der Lüge!" (Johannes 8:44).

Šaiṭān ist der Vater der Lüge, er tötet den Menschen. Durch unsere Vereinigung mit Christus al-Masīḥ (in der Taufe) wird Šaiṭān vertrieben und wir können unsere Ausrichtung auf das Böse überwinden. Das Heil ist eine Gnade, die unser Innerstes berührt, aber die Gnade erfordert unsere Mitarbeit und unser Durchhaltevermögen,[3] und wir müssen uns weiterhin bemühen, an dieser Gnade festzuhalten und ihr treu zu sein. Bevor ich dieses Kapitel schließe, möchte ich eine schöne Erinnerung aufgreifen. In Ägypten, in Zaytūn (einem Vorort von Kairo), sahen viele Muslime (bis zu 250.000!) am 2. April 1968, einem Dienstagabend, und in den darauf folgenden 14 Monaten, wie Maryam auf der Kuppel einer der Heiligen Familie geweihten Kirche erschien. Den Erscheinungen gingen Lichtphänomene und der Geruch von Weihrauch voraus. Maryam beugte sich zu der Menge hinunter, lächelte und segnete sie mit einem Olivenzweig. Manchmal kniete sie vor dem Kreuz auf der Kuppel. Sie erschien mit offenen Armen oder mit gefalteten Händen, wie 1830 in der Rue du Bac in Paris oder 1858 in Lourdes. In Lourdes gab Maryam ihren Namen preis: „Ich bin die Unbefleckte Empfängnis." Ja, Maryam, die Reinste, „die Unbefleckte Empfängnis", nimmt an unserer Wiedergeburt teil, in der wir von dem verfluchten Raǧīm befreit werden und so zu freien Söhnen werden können!

WATANI May 5, 1968

3. In welchem Sinn ist Maryam die „Schwester Aarons"?

Es gibt eine merkwürdige Sache, die geklärt werden muss. Warum wird uns die Geschichte von Maryam in der Sure *Āl ʿImrān*/3 erzählt?

Um 1250 v. Chr. heiratete ʿImrān oder ʿAmrān, wie die Bibel berichtet, „seine Tante Jochebed, die ihm Aaron und Mose (*Mūsā*) schenkte" (Exodus 6:20). Sie bekamen noch ein drittes Kind, eine Tochter namens Miriam (Numeri 12). Der Korantext sagt jedoch dreimal, dass Maria, die Mutter von ʿĪsā (Jesus), diese Miriam, Aarons Schwester von und Imrans Tochter ist. So heißt es zum Beispiel in Sura Maryam (19), Vers 28: „Schwester Aarons, dein Vater war kein unwürdiger Mann, und deine Mutter war keine Hure" – dies wird zu Maryam gesagt, die mit ʿĪsā (Jesus) schwanger ist.

Warum werden die beiden „Maria-s" (Miriam und Maryam ist der gleiche Name auf Aramäisch: *Maryam*) miteinander identifiziert? Wenn der Koran wörtlich genommen wird, dann müssten wir glauben, dass Miriam 1250 Jahre lang lebte, bevor sie ʿĪsā (Jesus) zur Welt brachte, ohne dass dies jemals jemand bemerkt hätte – das ist es, was die wahhabitischen Prediger lehren, die *Allāhu akbar* hinzufügen.

Es gibt aber noch eine andere Erklärung, die zweifellos gottesfürchtiger ist: Eine alte jüdische Überlieferung berichtet, dass auf das Gebet von Mirjam, der Schwester Aarons hin, das hebräische Volk, das in der Wüste Durst hatte, auf wundersame Weise von einer Felsenquelle begleitet wurde, in der Wasser aufstieg und überlief. Hier beginnt man zu verstehen, warum die Jünger Jesu die Gestalt dieser Miriam mit der der Mutter Jesu in Verbindung brachten.

Die Parallele zwischen dem Wasser, das auf das Gebet Miriams hin aus dem Felsen kam und das Volk in der Wüste rettete, und dem neuen lebendigen Wasser, das von Jesus (*ʿĪsā*) versprochen wurde und durch seine Mutter Maryam kommt, ist offensichtlich. Als Beweis finden wir folgende Stelle bei Paulus, die nur als Illustration dieser Parallele Sinn macht: „Denn sie [die Hebräer] tranken von einem geistlichen Felsen, der sie begleitete; und dieser Felsen war Christus" (1 Kor 10:3-4). Mit anderen Worten: in der jüdischen und insbesondere in der hebräisch-aramäischen Kultur (d. h. in den jüdisch-christlichen Gemeinschaften, die Aramäisch sprachen) war die Verbindung zwischen den „zwei Maria-s" selbstverständlich, und die Korinther, an die Paulus schreibt, waren mit der Tora (d. h. den ersten fünf Büchern der Bibel, einschließlich Exodus und Numeri) und mit den volkstümlichen Überlieferungen über Miriam, die Schwester Aarons, gut vertraut.

Es stimmt, dass ein solches Verständnis bis zu einem gewissen Grad von Jesus selbst vorbereitet worden war. Im Johannesevangelium lesen wir die folgenden beiden Stellen: „Wenn du wüsstest, worin die Gabe Gott besteht und wer es ist, der zu dir sagt: 'Gib mir zu trinken', dann würdest du ihn bitten, und er würde dir lebendiges Wasser geben" (Johannes 4:10); und

Abbildung 1: *Die Verkündigung.* Evangeliar von Deir az-Zafaran (den Brunnen beachten)

„Wer da Durst hat, der komme er zu mir und trinke!" (Johannes 7:37b). In der traditionellen antiken Ikonographie der Verkündigung wird oft in der Mitte der Ikone ein Brunnen dargestellt – der Brunnen der Miriam. Und genau dieser Ausdruck „Aaron, Bruder Marias" findet sich in einem apokryphen Bericht (in einem alten georgischen Manuskript aus dem zehnten Jahrhundert[4]) mit dem Titel Lesung aus Jeremia, der am 15. August am Fest der Entschlafung in der Kathisma-Kirche bei Jerusalem gelesen wurde.[5]

Der Korantext greift also einfach die Parallele zwischen der Mutter Jesu und der Schwester Aarons auf, wie sie für die Kultur der christlichen Araber im Norden, im heutigen Syrien und Irak, völlig offensichtich war. Aber wie kann sie dann mit den Mekkanern in Verbindung gebracht werden, die tausend Kilometer entfernt waren und diese Kultur nicht hatten?

4. Maryam im Haus von Zacharias' Frau

Bei der Verkündigung an Maryam hatte der Engel Gabriel (*Ǧibrīl*) ihr auch die Nachricht von der Schwangerschaft ihrer Cousine Elisabeth, der Frau des Zacharias, überbracht - so steht es im Evangelium. Maryam sah sich daher veranlasst, ihre Cousine zu besuchen. Im Koran wird diese Episode nicht als solche beschrieben, über die sich viele Frauen freuen, und die für Männer nicht so leicht verständlich ist. Es wird nur am Rande erwähnt: „O Yaḥyā (d. i. Johannes, Sohn der Elisabeth), nimm hin die Schrift in Kräften, und Wir gaben ihm Weisheit, da er ein Kind was" (Sure *Maryam*/19:12).

Stellen Sie sich ein Treffen zwischen Maryam und Elisabeth vor. Beide wirken majestätisch in ihrer üppigen Kleidung, beide sind glücklich, Frauen und Mütter zu sein. Es sind zwei Figuren, die der heutigen Generation ein Beispiel geben könnten. „Und es geschah, als Elisabeth den Gruß Marias hörte, hüpfte das Kind in ihrem Schoß, und Elisabeth wurde vom Heiligen Geist erfüllt. Da rief sie mit lauter Stimme und sagte: ‚Gesegnet bist du unter den Frauen, und gesegnet ist die Frucht deines Leibes‘!" (Lukas 1:41-42).

Diese beiden Segenssprüche werden jedesmal wiederholt, wenn man ein *Ave Maria* spricht: „Gegrüßet seist du, Maria, voll der Gnade, der Herr ist mit dir (Worte des Engels); du bist gesegnet unter den Frauen, und gesegnet ist die Frucht deines Leibes, Jesus" (Worte ihrer Cousine Elisabeth).

Und Elisabeth fährt fort: „Und wer bin ich, dass die Mutter meines Herrn zu mir kommt? Denn siehe, in dem Augenblick, als ich deinen Gruß hörte, hüpfte das Kind vor Freude in meinem Leib. Und selig, die geglaubt hat, dass sich erfüllt, was der Herr ihr sagen ließ!" (Lukas 1:43-45).

Wie schön ist dieser Besuch von Maryam bei Elisabeth! Alles ist Licht und Freude. Der kleine Johannes (*Yaḥyā*) wird dadurch geheiligt; er ist bereits mit seiner Mission als Prophet beauftragt. Er zittert vor Freude, und die Frau von Zakariyya erkennt die Anwesenheit von *al-Masīḥ*.

Maryam bleibt bei ihrer älteren Cousine, um ihr bis zur Geburt des kleinen Johannes (*Yaḥyā*) zu helfen. Sie gibt uns ein wunderbares Beispiel: Ihr Glaube konkretisiert sich in einem Akt der Nächstenliebe; ihre Worte „Ich bin die Dienerin des Herrn" konkretisieren sich darin: „Ich stelle mich in den Dienst der anderen." Und alle im Haus schätzen ihre Sachlichkeit, ihre feinfühlige Art, jedes Bedürfnis vorauszuahnen, ohne sich aufzudrängen, und Frieden und Freude zu verbreiten.

Wenn Maryam in unser Leben tritt, werden wir uns dann nicht so fühlen wie Elisabeth? Es geschieht etwas, das uns von der Gegenwart „des Herrn" erzählt?

5. Bedeutet das Wort ʿĪsā *walad* (Kind) oder *ibn* (Sohn)?

Nehmen wir uns die Sure Sure *Āl ʿImrān*/3 vor. Maryam verbrachte ihre Kindheit im Heiligtum: „Ihr Herr nahm das Kind wohlwollend auf und ließ es schön aufwachsen; Zakariyya sorgte für sie. Und wann immer er ihr Heiligtum betrat, fand er Speise bei ihr. ‚O Maryam!‘, fragte er [eines Tages], ‚woher hast du das bekommen!‘–‚Das ist von Allah‘, antwortete sie;–‚Er versorgt, wen er will, ohne auf die Kosten zu achten‘ “ (K3:37). Ist das „Heiligtum“ nicht der Ort, an dem Gott spricht, das heißt, „sein Wort“ weitergibt? Dieselbe Sure spricht von einem „Wort“, das das „Kind“ (*walad*) von Maryam ist (K3:46).

Die arabische Sprache kennt zwei Wörter für Kind oder Sohn: *walad* und *ibn*. Abdellah Bounfour erklärt, dass sich der Begriff *walad* zunächst auf die Mutter und dann auf den Vater bezieht, während sich der Begriff *ibn* auf eine Abstammung bezieht, die durch Ernennung zustande gekommen ist.[6] Der „Sohn“ (*ibn*) ist der Erbe, er ist derjenige, den der Vater „Sohn“ nennt. Der Begriff *ibn* wird auch allegorisch verwendet, um die Bewohner des Römischen Reiches als „Söhne Cäsars“ zu bezeichnen, oder sogar poetisch für den Wein (im Arabischen weiblich, *bint*) als „Tochter des Weinstocks“ usw.

Das „Wort“, ʿĪsā ist ein *walad* von Maryam: Er ist ihr leibliches Kind. Aber er ist offensichtlich kein „*walad* Gottes“, weil Gott nicht gebiert! „Allah hat kein Kind [*walad*] adoptiert, und es gibt keinen Gefährten in Form eines Gottes (*ilah*)“ (Sure *al-Muʾminūn*/23:91). „Sprich: Wenn es für den Barmherzigen ein Kind [*walad*] gegeben hätte, wäre ich der erste gewesen, der ihn angebetet hätte“ (Sure *az-Zuḫruf*/43:81). „Sage nicht: ‚Drei‘; hör auf. Es wird besser für dich sein. Wahrlich, Allah ist ein einziger Gott! Ihm sei die Ehre! Wie kann Er ein Kind [*walad*] haben?“ (Sure *an-Nisāʾ*/4:171). Der Koran klagt die Christen an, aber in Wirklichkeit bezeichnen die Christen das Wort (ʿĪsā) niemals als den „*walad* Gottes“, sondern er wird vom Vater „Sohn – *Ibn*“ genannt, er ist der Sohn-Erbe.

> „Wie der Vater das Leben in seinem Innersten hat, so hat er
> es seinem Sohn [*ibn*] gegeben, damit auch er das Leben in
> seinem Innersten habe“ (Johannes 5:26).

„Denn Gott hat seinen Sohn [*ibn*] nicht in die Welt gesandt, um die Welt zu richten, sondern um der Welt durch seine Hände das Leben zu geben" (Johannes 3:17).

Jesus (*ʿĪsā*) ist innerlich mit Gott verbunden, wie er sagt: „Ich und mein Vater sind eins" (Johannes 10:30). Was ist dieses innere Band? Das Evangelium sagt es uns als Johannes (*Yaḥyā*) Jesus (*ʿĪsā*) im Jordan taufte, hörte man eine Stimme vom Himmel: „Du bist mein geliebter Sohn [*ibn*], in dir ist mein Wille" (Mark 1:(10-)11).[7]

Und wer kennt den Willen Gottes besser als der Sohn-das- Wort-Gottes? Jesus (*ʿĪsā*) sagt wieder:

„Wenn ich vom Himmel herabgestiegen bin, dann nicht, damit ich meinen eigenen Willen tue, sondern damit ich den Willen dessen tue, der mich gesandt hat" (Johannes 6:38).

„Wenn Gott dein Vater wäre, würdest du vor Liebe zu mir brennen! Denn ich bin aus Gott hervorgegangen und von ihm gekommen! Und ich bin nicht nach dem Wunsch meiner eigenen Seele gekommen, sondern er hat mich gesandt!" (Johannes 8:42).

Die Kirche wird später eine solche Willensvereinigung als den Ort der Einheit der menschlichen und göttlichen Natur, des Wortes mit dem Vater und des Vaters mit dem Sohn[8] definieren.

6. Die jungfräuliche Mutter eines „Wortes"

Der Koran rezitiert: „Die Engel sagten: ‚O Maryam! Gott verkündet euch die frohe Botschaft eines Wortes von Ihm: Sein Name ist: al-Masīḥ, ‘Īsā (Jesus), Sohn von Maryam, berühmt in dieser Welt und im zukünftigen Leben; er gehört zu den Gottesfürchtigen. Von der Wiege an wird er zu den Menschen sprechen, so wie er später, als Erwachsener, zu den Gerechten gehören wird'. ‚Mein Herr', antwortete [Maryam], ‚wie soll ich ein Kind bekommen, wenn mich kein Sterblicher berührt hat?' Er antwortete: ‚Allah schafft, was Er will. Wenn Er eine Sache beschließt, sagt Er dazu nur: Sei! und es ist [*kun fa-yakūn*]'" (Sure *Āl ‘Imrān*/3:46-47).

Maryam ist das Vorbild für junge Jungfrauen vor der Ehe... Die jungfräuliche Empfängnis von ‘Īsā (Jesus) ist ein Wunder der göttlichen Allmacht...

Das Universum ist so groß! Wenn man es vernünftig bedenkt, ist diese unvorstellbare Größe wirklich eine Art von Wiege. Es ist nicht unvernünftig, wen man denkt, dass wir doch ein Wunder sind, und dass wir vom Schöpfer geliebt werden. Und Gott, der Schöpfer, liebt uns so sehr, dass er uns besucht, indem er uns „ein Wort" schickt.

Die christliche Tradition hatte bereits ‘Īsās (Jesu) Empfängnis als einen Akt des Schöpfergottes verstanden. Um das auszudrücken, spricht das Evangelium vom Heiligen Geist der über Maria kommt; er gleicht dem Heiligen Geist, der bei der Erschaffung der Welt über den Urwassern schwebte (Genesis 1:2). Und die Dichter schrieben: „Der Geist breitete seine Flügel über dem Schoß der Jungfrau aus, und sie wurde schwanger, gebar und wurde eine jungfräuliche Mutter von großer Barmherzigkeit" (Oden Salomons 19:6).

Im Evangelium lesen wir:

> „Maria aber sprach zu dem Engel: ‚Wie soll das geschehen, da ich keinen Mann erkenne?'
> Der Engel sagte zu ihm: ‚Heiliger Geist wird über dich kommen, und Kraft des Höchsten wird dich überschatten. Deshalb wird auch das Heilige, das aus dir geboren wird, Sohn Gottes genannt werden'" (Lukas 1:34-35).

Die wörtliche Übersetzung lautet: „Der Heilige Geist wird auf dich kommen und die Kraft des Höchsten wird dich unter ihren Schatten nehmen"

(Lukas 1:35). Man kann das so verstehen, dass das Evangelium eine Bewegung bezeichnet, die von oben herab kommt. Der Geist, die Kraft des Allerhöchsten, wird auf die Jungfrau herabkommen. Es ist Gott, der herabsteigt, so wie er einst herabstieg zwischen die Flügel der Cherubim auf den Gnadenthron (den Deckel) der Bundeslade, zur Zeit Moses' (*Mūsā*), wie es in der Bibel, im Buch Exodus steht (25:18-22).

Das Wort Gottes ist kein Buch, das vom Himmel herabgekommen ist, sondern eine lebendige Person, al-Masīḥ! Gott ist nur einer. Was bedeutet es, dass „ʿĪsā" ein „Wort" ist? Es bedeutet, dass er Gott in menschlicher Sprache offenbart. Aber man darf nicht an ein Wort Hand anlegen, *das von* Gott *ausgeht*: Man darf daraus nicht einen festen Code machen, eine Botschaft, die man benutzt, eine Vorschrift, die der Herrschaft dient. ʿĪsā, das Wort, zieht uns in ein Leben und in eine Geschichte mit Gott hinein. Maryam zeigt uns, dass das Wort, das von Gott ausgeht, im Glauben angenommen werden muss: Gläubig zu sein bedeutet, dieses Wort *als Leben* aufzunehmen, das uns der Schöpfer zukommen lassen möchte.

7. Die *Kalima* (das Tat-Wort)

Die Geschichte wäre nichts als eine Wiederholung des Bestehenden, wenn es nicht zu unserem Wesen gehören würde, offen dafür zu sein, dass uns eine Offenbarung zuteil werden kann. Aber woher weiß man, ob man vom Schöpfer inspiriert wird oder von einem gefallenen Engel, von Šaiṭān? Woher weiß man, ob man mit einer Gottheit oder mit einer Schimäre spricht?

Die Sure *Āl 'Imrān*/3 sagt uns, dass 'Īsā ein „Tat-Wort [*Kalima*]" ist, das „von Gott ausgeht" (K3:45). Durch dieses „Wort" ist es so, dass sich die Geschichte nicht einfach wiederholt, sondern dass sie offen für die Erfüllung ist, die der Schöpfer ihr zukommen lassen möchte.

Im Johannesevangelium heißt es: „Im Anfang war das Wort und das Wort war bei Gott und das Wort war Gott. Er war am Anfang bei Gott. Durch ihn ist alles geworden, und ohne ihn ist nichts geworden. „Und das Wort ist Fleisch geworden und hat unter uns gewohnt" (Joh 1:1-3 und 14), d. h. unter uns, die wir ein lebendiger Tempel sind und in uns, in dem Sinne, dass Gott jeden von uns in seinem Innersten besucht.

Das letzte Buch der Bibel berichtet von einer Vision desselben Johannes: „Und ich sah den Himmel offen, und siehe, ein weißes Pferd; und der darauf saß, hieß ‚treu' und ‚wahrhaftig', und er richtete und führte Krieg mit Gerechtigkeit. Seine Augen? Eine brennende Flamme; auf seinem Kopf viele Diademe; auf ihm ein Name, den nur er kennt; der Mantel, der ihn umhüllt, ist mit Blut getränkt; und sein Name? Das Wort Gottes. Die Heere des Himmels folgten ihm auf weißen Pferden, gekleidet in vollkommen weißes Leinen. Aus seinem Mund kommt ein scharfes Schwert, um die Heiden zu schlagen; er ist derjenige, der sie mit einem eisernen Zepter führen wird; er ist derjenige, der den Wein des grimmigen Zorns Gottes, des Herrn von allem, im Bottich treten wird. Auf seinem Gewand und auf seiner Hüfte steht ein Name geschrieben: König der Könige und Herr der Herren" (Offenbarung 19:11-16).

Man darf sich nicht vorstellen, dass der Krieg, den das Wort Gottes zu Recht führt, ein Krieg im gewöhnlichen Sinne des Wortes ist: Sein Mantel ist blutgetränkt, weil er gekreuzigt wurde, er tötet nicht, sondern bietet sein Leben als Opfer an; die Heere sind die der Engel und der Heiligen, und das „Schwert" ist nicht in seiner Hand, sondern in seinem Mund. Wer die Bibel liest, weiß, dass dieses Schwert das Wort Gottes selbst ist! Der leidende Gottesknecht sagt zum Beispiel, dass der Herr „meinen Mund zu einem scharfen Schwert gemacht hat" (Jes 49:2).

Vor der Zeit des Koran hatten einige der Juden nicht akzeptiert, dass Jesus (ʿĪsā) der wahre Gesandte des Vaters war. Sie begannen zu glauben, dass das Böse durch die Vorherrschaft Israels über die Nationen von der Erde verbannt und dass die Bösen besiegt werden würden. Einige dieser „Messianisten" sahen in Jesus (ʿĪsā) denjenigen, der dieses Programm zu Lebzeiten hätte verwirklichen sollen. Da er jedoch durch die Verdorbenheit Israels daran gehindert worden war, hätte Gott ihn vor der Kreuzigung in den Himmel geholt; dort würde er auf günstigere Umstände warten, die seine Rückkehr und die Verwirklichung dieser politischen Vision ermöglichen würden. Amir Moezzi hat diesen Aspekt der proto-islamischen Erwartungen, der sich in vielen Hadithen findet, besonders hervorgehoben. Es wird deutlich, dass Muḥammad auf die Herabkunft von al-Masīḥ auf die Erde wartete, dass dieser Messias ʿĪsā (Jesus) ist, und dass der Kontext ein kriegerischer ist.

Aber was ist bei all dem aus dem Besuch des Schöpfers durch sein Wort (*Kalima*/Wort) geworden? Was ist aus der frohen Botschaft eines Wortes geworden, das von Gott kommt und daher in der Lage ist, uns zu beleben und uns eine gute Zukunft zu eröffnen, vorausgesetzt, dass wir an ihn *glauben*?

8. Hast du gesagt: „Haltet mich und meine Mutter für zwei Götter?"

Wäre Jesus ein „*walad* Allah", wäre er ein äußeres Geschöpf außerhalb von Gott und gleichzeitig fleischlich mit Gott verwandt, was absurd und ein Widerspruch in sich ist. Das Wort Sohn *ibn* ist, wie wir gesehen haben, gerade nicht auf die fleischliche Bedeutung von *walad*, Kind, reduziert.

Aber wenn man dies nicht verstanden hat, könnte man sich vorstellen, Gott würde am Tag des Gerichts daran erinnern: „ʿĪsā (Jesus), Sohn von Maryam, hast du zu den Menschen gesagt: Haltet mich und meine Mutter für zwei Götter, neben Gott?" (Sure *al-Māʾida*/5:116).

Zusätzlich zu diesem Irrtum entsteht eine weitere irrige Vorstellung, welche die Identität von „meine Mutter" in diesem Vers betrifft. Im Aramäischen ist der Heilige Geist ein Wort weiblichen Geschlechts und wird mütterlich konnotiert. Der heilige Aphraates (bekannt als der Weise von Persien) befürchtet zum Beispiel, dass ein Mann, wenn er heiratet, Gott „seinen Vater und den Heiligen Geist seine Mutter" vergisst.[9]

In der aramäischsprachigen assyrisch-chaldäischen Kirche bezieht sich der Ausdruck „Mutter Jesu" auf den Heiligen Geist (ein weibliches Wort), und dieser Ausdruck ist auch heute noch gebräuchlich. Dies ist natürlich die Bedeutung des Ausdrucks „Mutter von ʿĪsā (Jesus)" in Sure *al-Māʾida*/5: „Haltet mich und den Heiligen Geist für zwei Götter, neben Gott?" (K5:116). Die Ironie des Verses bezieht sich nicht auf die Erfindung, Maryam neben Gott zu stellen, sondern auf die Tatsache, dass ʿĪsā (Jesus) selbst am Tag des Gerichts die Bühne betritt, um die Christen (hier Araber) anzuklagen, weil sie an ihn und den Heiligen Geist geglaubt haben! dass seine „Mutter" der Heilige Geist ist, war vielen alten muslimischen Auslegern noch bekannt. Aṭ-Ṭabarī, al-Baiḍāwī, az-Zamaḫšarī, der *Tafsīr al-Ǧalālain* und andere, weniger bekannte, weisen alle darauf hin, dass sich dieser Vers 116 auf den Heiligen Geist und nicht auf die Jungfrau Maria bezieht.

Das bedeutet auch, dass sich dieser Vers an christliche Araber wendete, die übrigens diegleichen christlichen theologischen Begriffe verwendeten wie die persische, chaldäische Welt, die fast tausend Kilometer von Mekka entfernt ist. Aber darüber zu sprechen ist nicht politisch korrekt: Wenn ein

Koranvers nur durch einen syrisch-aramäischen Kontext erklärt werden kann, wie konnte der Islam dann so weit entfernt entstehen?[10]

Was die Christen betrifft, so ist es ganz offensichtlich falsch zu behaupten, dass sie eine Göttin Maryam, eine Gefährtin Allahs, eine Gottheit, anbeten. Sie verehren diejenige, die als Jungfrau Jesus zur Welt gebracht hat. Es ist eine königliche Mutterschaft: Maryams Kind stammt von David (*Dāwud*) ab, und ihre Herrschaft wird kein Ende haben. Ihr Kind (*walad*) ist das „Wort" das Komme von Gottes (ihr Sohn-*Ibn*)! Erstaunen, Verwunderung und Entzücken über eine solche Mutterschaft führen zur Verehrung von Maryam, der Reinsten.

9. Wirft Maryam ein Licht auf die Unterwerfung zu Gott?

Wir haben bereits über den Vers nachgedacht: „Die Engel sagten: 'O Maryam! Gott verkündet dir die frohe Botschaft von einem Wort, das von Ihm ausgeht: Sein Name ist: al-Masīḥ, ʿĪsā (Jesus), Sohn von Maryam" (Sure Āl ʿImrān/3:46). In dieser Sure heißt es nun, dass dieser frohen Botschaft das Gebet Maryams vorausging: „O Maryam, bete zu deinem Herrn! Wirf dich nieder und verneige dich mit denen, die sich verneigen!" (K3,43).

In seinem Kommentar zu Sure Āl ʿImrān/3:42–43 fragt sich der iranischer sunnitischer Gelehrter Faḫr ad-Dīn ar-Rāzī (1149-1209):[11] Könnte dies die Niederwerfung und Verbeugung sein, die das Gebet der Menschen in der Moschee kennzeichnen? Er stellt außerdem die Hypothese auf, dass diese Bewegungen denen des jüdischen Gebets entsprechen. Schließlich stellt er sich vor, dass sich Maryam so sehr niederwirft, dass davon „ihre Füße geschwollen waren und Blut und Eiter herauskamen."

Viele Muslime stimmen diesen Fantastereien nicht zu. Eiter ist kein Ausdruck von Reinheit. Die Vorstellung, dass Beten das Gehen verhindert (die Füße sind geschwollen und blutig), ist das Gegenteil der biblischen Erfahrung, in der Moses (Mūsā) das Volk des Exodus in Bewegung setzte und Jesus (ʿĪsā) einen Gelähmten aufstehen ließ, indem er sagte: „Steh auf, nimm dein Bett und geh!" (Joh 5:8). Schließlich ist die Anwesenheit von Maryam an einem Ort, der nach jüdischem Gesetz den Männern vorbehalten ist, seltsam, überhaupt nicht plausibel und widerspricht der gesamten Symbolik der Tempelarchitektur, wo der sichtbare Unterschied zwischen dem Männer und dem Frauenhof den unsichtbaren Unterschied verständlich macht zwischen Gott, der offenbart, und der Menschheit, welche die Offenbarung empfängt.

Als Freidenker betrachtet ar-Rāzī die Propheten als Hochstapler. Als Gnostiker sieht er die Schöpfung nicht als göttliches Geschenk an, und er glaubt, dass die Mutterschaft (Zeugung) den dramatischen Sturz einer Seele auslöst. Das bringt ar-Rāzī dazu, alle Frauen zu verachten und besonders Maryam.

Davon abgesehen wirft ar-Rāzīs Interpretation dieser Sure eine Frage auf: Ist Maryam wirklich das Bild für eine Unterwerfung, die dem eigentlichen Sinne des Wortes „Islam" entspricht? Ist sie Gott unterwürfig wie es islamische Soldaten sind, deren Verhalten ar-Rāzī sah? Oder handelt es sich um etwas ganz anderes?

Eine christliche Mystikerin lässt Maryam, die Reinste, sagen: „Im Haus von Nazareth brannte ich mehr denn je in dem Wunsch, das Wort möge auf die Erde herabsteigen, und ich betete darum.../ Das Licht, das in mich eindrang, war so mächtig, dass mein Menschsein davon so verschönert wurde; es wurde von dieser Sonne des göttlichen Willens so vollkommen durchdrungen, dass ich nicht anders konnte, als himmlische Blumen hervorzubringen. Ich fühlte, dass der Himmel sich zu mir herabsenkte, während die Erde meines Menschseins sich emporhob; und Himmel und Erde umarmten einander, versöhnten sich, tauschten den Kuss des Friedens und der Liebe aus; die Erde bereitete sich darauf vor, den Keim hervorzubringen, der den Gerechten, den Heiligen bilden würde; und der Himmel öffnete sich, um das Wort in diesen Keim hinabsteigen zu lassen. Ich stieg immerzu von meiner himmlischen Heimat herab und wieder hinauf: Ich warf mich in die Arme meines himmlischen Vaters und sagte von ganzem Herzen zu ihm: „Heiliger Vater, ich kann nicht mehr! Ich brenne. Und während ich brenne, spüre ich eine schreckliche Kraft in mir, die mich vernichten will. Ich möchte dich mit den Ketten meiner Liebe binden, um dich zu entwaffnen, damit du nicht länger zögerst. Auf den Flügeln meiner Liebe will ich das göttliche Wort vom Himmel auf die Erde bringen. Und da Gott von meinen Tränen und meinem Flehen überwältigt war, versicherte er mir: ‚Meine Tochter, wer kann dir widerstehen? Du hast gewonnen! Die Göttliche Stunde ist nahe. Kehre auf die Erde zurück und handle weiterhin mit der Kraft meines Willens. Alles wird erschüttert werden, Himmel und Erde werden einander den Kuss des Friedens geben.'"[12]

10. Gottes Wille: den Willen Marias respektieren

In der Sure *Maryam*/19 wird genauer beschrieben, wie sie die frohe Botschaft empfängt:

> „Erzähle, was in dem Buch über Maria steht, als sie sich von ihrer Familie an einen Ort im Osten zurückzog. Und sie legte einen Schleier zwischen sich und diese. Da sandten Wir Unseren Geist zu ihr, und er erschien ihr in Gestalt eines vollkommenen Menschen. Sie sagte: ‚Ich suche beim Allerbarmer Schutz vor dir, wenn du gottesfürchtig bist‘. Er sagte: ‚Ich bin nur der Gesandte deines Herrn, um dir einen lauteren Jungen zu schenken‘. Sie sagte: ‚Wie soll mir ein Junge gegeben werden, wo mich doch kein menschliches Wesen berührt hat und ich keine Hure bin‘. Er sagte: ‚So wird es sein. Dein Herr sagt: Das ist Mir ein leichtes, und damit Wir ihn zu einem Zeichen für die Menschen und zu einer Barmherzigkeit von Uns machen. Und es ist eine beschlossene Angelegenheit‘. So empfing sie ihn und zog sich mit ihm zu einem fernen Ort zurück" (K19:16-22).

Der Text des Korans ist nicht eindeutig. Man kann ihn so interpretieren, dass Maryam auf eine Art und Weise schwanger wurde, die auf das Wirken eines nächtlichen Dämons oder eines Mannes schließen läßt. Die Dinge werden wesentlich klarer, wenn wir im Lukasevangelium den Bericht über die Verkündigung an Maryam lesen:

> „Im sechsten Monat wurde der Engel Gabriel [*Ǧibrīl*] von Gott in eine Stadt in Galiläa gesandt, die Nazareth hieß, zu einer Jungfrau, die mit einem Mann namens Josef verlobt war, der aus dem Hause David [*Dāwūd*] stammte. Der Name der Jungfrau war Maria [*Maryam*]. Der Engel trat bei ihr ein und sprach zu ihr: ‚Freue dich, du bist voll der Gnade, der Herr ist mit dir.‘ Sie erschrak über die Anrede und überlegte, was dieser Gruß zu bedeuten habe.
> Und der Engel sprach zu ihr: ‚Fürchte dich nicht, Maria, denn du hast Gnade bei Gott gefunden. Siehe, du wirst schwanger werden in deinem Leibe und einen Sohn gebären, dem

sollst du den Namen Jesus geben. Er wird groß sein und „Sohn des Höchsten" genannt werden. Gott, der Herr, wird ihm den Thron seines Vaters David [*Dāwud*] geben; er wird für immer über das Haus Jakob herrschen, und sein Reich wird kein Ende haben.'
Maria aber sagte zu dem Engel: ‚Wie soll das geschehen, da ich keinen Mann erkenne?' Und der Engel antwortete ihr: ‚Der Heilige Geist wird über dich kommen, und die Kraft des Höchsten wird dich überschatten; darum wird das Heilige, das geboren wird, Sohn [*ibn*] Gottes genannt werden. Und siehe, Elisabeth, deine Verwandte, hat noch in ihrem Alter einen Sohn [*walad*] empfangen, und sie ist schon im sechsten Monat, sie, die unfruchtbar genannt wurde; denn nichts ist bei Gott unmöglich'. Da sagte Maria: ‚Siehe, Ich bin die Magd des Herrn; mir geschehe, wie du es gesagt hast'. Und der Engel verließ sie" (Lukas 1:26-38).

Im Evangelium wird Jesus (*'Īsā*) eindeutig vom Heiligen Geist gezeugt, der Engel ist eindeutig nur ein immaterieller Bote, und er bittet Maryam um ihre Zustimmung: Er kommt nicht, um ihr zu sagen, was bereits geschehen ist, als wäre sie eine Sklavin, die nur den Wünschen ihres Herrn zu gehorchen hat. Existiert die Frau nur, um sich dem Willen der Männer und darüber hinaus dem Willen Gottes zu unterwerfen, oder ist sie ein menschliches Wesen wie der Mann?

Allgemeiner gefragt: Wie sehen die Beziehungen der Menschen untereinander und vor allem zu Gott aus? Ist es eine Beziehung der sklavischen Unterwerfung? Ist die von Gott gewollte perfekte Gesellschaft eine Gesellschaft von Herren und Sklaven?

Die Jungfrau Maria, Maryam, die Reinste, macht deutlich, dass dies nicht der Fall ist. Gott will ihre Intelligenz und ihr Herz respektieren, das ist sein Wille. Leider verstehen viele nicht, was dieser Wille Gottes ist, und machen eine Karikatur daraus, um ihn für ihre eigene Macht zu benutzen.

11. Ist es gut oder schlecht, dem Schicksal ergeben zu sein?

Alles steht geschrieben, *maktūb*, wir können daran nichts ändern: Der Wille Allahs wird im Allgemeinen als die Anwendung eines vorher geschriebenen Programms betrachtet, wie ein Buch oder, wie wir heute sagen würden, ein Computerprogramm. Einige muslimische Gelehrte würden gerne wie Christen sprechen und die Begriffe freier menschlicher Wille und allwissender Wille Gottes miteinander verbinden. Aber sie stoßen sich an mehreren Suren im Koran, welche die Prädestinationslehre bestätigen, die zu einem der Grundsätze des muslimischen Glaubens gehört.[13] Man kann nur das tun, was Allah für einen aufgeschrieben hat (Sure *at-Tauba*/9,51). Ein Mensch kann von Allah (gut) geleitet werden, aber auch umgekehrt: Allah kann ihn auch in die Irre führen, und dann ist er verloren (Sure *al-Aʿrāf*/7:178-179).

In einem berühmten Hadith heißt es:

> „Der Engel haucht dem Embryo im Mutterleib den Lebensgeist ein und befiehlt in vier Worten, was festgeschrieben ist: das, wovon ein Mensch seinen Unterhalt bestreitet, das Ende des Lebens, seine Taten und sein Glück oder Unglück. Ich schwöre bei Allah, neben dem es keinen anderen Gott gibt, dass derjenige, der mit den Leuten des Paradieses handelt, bis er ihnen auf Armlänge nahe kommt, zermalmt werden wird, wenn es für ihn vorgeschrieben ist: Er wird handeln wie die Leute der Hölle, und er wird in die Hölle kommen. Wer mit den Leuten der Hölle handelt, bis er ihnen auf Armlänge nahe kommt, der wird umgedreht werden, wie es für ihn vorgeschrieben ist: Er wird wie die Leute des Paradieses handeln und er wird ins Paradies gehen.“[14]

Alles wäre also im Voraus festgelegt, einschließlich des ewigen Schicksals im Paradies oder in der Hölle. Ein ewiges Dekret hat sogar entschieden, dass einige nicht glauben werden (Sure *Yā-Sīn*/36:7-10). Dieses Dogma führt daher zu einer Aufteilung der Menschheit in diejenigen, die für den Himmel vorherbestimmt sind, und diejenigen, die für die Hölle prädestiniert sind.

Die sehr alte und zugleich auch heute noch gehegte Vorstellung, dass es zur Verantwortung der Muslime gehört, den Islam durchzusetzen, steht in gewisser Weise im Widerspruch zur Vorstellung von der Allmacht Allahs. Könnte es sein, dass man sich selbst beweisen will, dass man zu den „Geretteten" gehört, die für das Paradies bestimmt sind? Wieviele Nicht-Muslime muss man töten, um sicher zu denen hören „die Gott liebt", die „für Seine Sache kämpfen zum Tod in Reihe" (Sure *aṣ-Ṣaff*/61:4)?

Liebt uns der Schöpfer nicht auf eine viel einfachere Weise ?

Jesus (*ʿĪsā*) sagt uns: „Werdet Söhne (*ibn*) eures Vaters im Himmel, denn er lässt seine Sonne aufgehen über Böse und Gute und lässt regnen über Gerechte und Ungerechte" (Matthäus 5:45). Und der heilige Paulus verwendet das Bild des Töpfers: Gott ist der Töpfer, der die Gerechten formt, aber die Bösen erträgt (Röm 9:21-23). Wenn der heilige Paulus sagt, Gott der Vater „hat uns vorherbestimmt [...], damit wir heilig und untadelig leben vor seinem Angesicht in der Liebe" (Epheser 1:4-5), dann handelt es sich nicht um Determination, sondern einfach darum, dass Gott uns nicht ohne Ziel und um der Absurdität willen geschaffen hat, sondern zur Heiligkeit und Liebe.

Die Jungfrau Maria, Maryam, die Reinste, hilft uns, einen scheinbar großen Widerspruch in unserem Denken zu überwinden: Einerseits soll Gott
alles wissen (Er ist allwissend) und hätte alles programmiert, andererseits
müsste man aus freien Stücken handeln. Wie soll das gehen?

Maryam bringt uns die wahre Erkenntnis von Gottes Willen: Sie hat
erfahren, dass Gott uns in die Geschichte eines Bundes mit ihm eintreten
lässt, in einen Bund, der die Freiheit und die Wünsche des Menschen be-
rücksichtigt, bis dahin, dass er das Angebot macht, dass man mit ihm zum
Wohl ausnahmslos aller Menschen zusammenzuarbeiten darf.

12. Maryam preist den Allerbarmer, den Barmherzigen

Die erste Sure des Korans (*al-Fātiḥa*) ist ein Lobgebet, mit Ausnahme des letzten Verses (der eine doppelte Verurteilung darstellt). Hier ist der Text in einer guten Übersetzung:

1. Im Namen Gottes, des Allerbarmers, des Barmherzigen.

2. Lob gehört Allah, dem Herrn der Welten,

3. Dem Allerbarmer, dem Barmherzigen,

4. Dem Herrscher am Tag des Gerichts.

5. Dir allein dienen wir, und zu Dir allein flehen wir um Hilfe.

6. Leite uns den geraden Weg,

7. Den Weg derjenigen, denen Du Gunst erwiesen hast, nicht derjenigen, die (Deinen) Zorn erregt haben, und nicht der Irregehenden!

Den letzten, 7. Vers kann ein Christ nicht sagen, weil er sich auf zwei Stellen in Sure 5 bezieht, wo einerseits gesagt wird, dass die Juden Gottes Zorn auf sich ziehen und andererseits, dass die Christen im Irrtum sind.[15] Der Gott, der Barmherzigkeit gibt (*raḥmān*) – das heißt, der angerührt ist und das Wohl der Menschen will – ist in sich selbst barmherzig (*raḥīm*). Frage: Wenn Gott *in sich selbst* barmherzig ist, kann er dann nur in gewissen Stunden barmherzig sein, ohne sich selbst zu verleugnen? Kann er bald für die einen barmherzig sein und bald das Gegenteil davon für die anderen? Glücklicherweise haben Korangelehrte darauf hingewiesen, dass der letzte Vers sicher zur Zeit der iranischen Kommentatoren hinzugefügt wurde – obwohl sie die Jungfrau Maria, Maryam, die Reinste, mit Sicherheit nicht liebten. Sie hätte nämlich dieses *Eingangsgebet* (*Fātiḥa*) bis zu Vers 6 sprechen können: „Führe uns auf dem rechten Weg."

Maryam weiß, dass Gott wirklich barmherzig ist. Im Evangelium sagte Maria, nachdem sie die Verkündigung empfangen hatte (Lukas 1:46-53):

„Meine Seele preist die Größe des Herrn und mein Geist jubelt über Gott, meinen Retter. [...]

> *Er erbarmt sich* von Geschlecht zu Geschlecht *über alle, die ihn fürchten.* Er vollbringt mit seinem Arm machtvolle Taten: Er zerstreut, die im Herzen voll Hochmut sind; er stürzt die Mächtigen vom Thron und erhöht die Niedrigen. Die Hungernden beschenkt er mit seinen Gaben und lässt die Reichen leer ausgehen. [...]"

Die Reichen, die gestürzt werden, sind diejenigen, welche die Macht des Allmächtigen an sich reißen; sie sind stolz und leer. Aber es reicht nicht aus, arm zu sein, um das Objekt göttlicher Vorliebe zu sein. Das zeigt sich an der Struktur dieses Gebets, das man „Magnifikat" nennt. Die Armen sind diejenigen, die Gott in Demut und Furcht dienen, sie werden erhoben werden; wie Maryam, die Reinste, haben sie den Wunsch, seiner Gnade zu entsprechen, und für sie tut Gott große Dinge.

13. Der Palmenbaum, die Kathisma-Kirche und der Felsendom

Im Evangelium heißt es: „Als die Sterndeuter wieder gegangen waren, siehe, da erschien dem Josef im Traum der Engel des Herrn und sagte: ‚Steh auf, nimm das Kind und seine Mutter und flieh nach Ägypten. Dort bleibe, bis ich dir anderes auftrage, denn Herodes wird das Kind suchen, um es zu töten'. Da stand Josef auf und floh in der Nacht mit dem Kind und dessen Mutter nach Ägypten. Dort blieb er bis zum Tod des Herodes..." (Matthäus 2:13-15).

Der apokryphe Bericht des Pseudo-Matthäus, der aus dem Ende des sechsten oder Anfang des siebten Jahrhunderts stammt, erzählt uns, dass das Jesuskind (*ʿĪsā*) auf dem Weg nach Ägypten ein Wunder erlebte, als sich eine Palme bückte und die heilige Familie mit ihren Früchten versorgte. Da sagte Jesus (*ʿĪsā*) zu ihr: „Steh aufrecht, Palme, stärke dich und sei ein Gefährte der Bäume, die ich im Paradies meines Vaters besitze", und daraufhin sprudelte von den Wurzeln eben dieser Palme aus klares und süßes Wasser, „und sie tranken mit ihren Tieren und ihren Dienern und dankten Gott" (Pseudo-Matthäus 20:1-2).[16]

Diese Überlieferung von der Palme findet sich im Koran in der *Sure Maryam*/19, wo das Kind ʿĪsā (Jesus) zu Maryam sagt:

> „Schüttle zu dir den Palmenstamm, so läßt er frische, reife Datteln auf dich herabfallen. So iß und trink und sei frohen Mutes. Und wenn du nun jemanden von den Menschen sehen solltest, dann sag: Ich habe dem Allerbarmer Fasten gelobt, so werde ich heute mit keinem Menschenwesen sprechen" (K19:25-26).

An einer Stelle werden die beiden Überlieferungen zusammengeführt, von die Geschichte von der Palme in einer während der Flucht nach Ägypt ansiedelt wird, und in der anderen zur Zeit der Geburt von ʿĪsā.[17] Der Ort, um den es sich handelt, ist die Kathisma-Kirche, die zwischen Jerusalem und Bethlehem lag und deren Fundamente kürzlich gefunden wurden.

Bei Ausgrabungen in der Kirche von Kathisma wurden drei Schichten freigelegt, die erste aus der ersten Hälfte des 5. Jahrhunderts, die zweite aus dem frühen 6. und die dritte aus dem frühen 8. Jahrhundert. In einem der Räume (südöstlich des äußeren Oktogons) zeigt das Mosaik eine große Palme, die von zwei kleineren Palmen flankiert wird – ein direkter Hinweis auf die apokryphe christliche und auf die koranische Erzählung.

Noch wichtiger ist, dass die Ausgrabungen eine klare Vorstellung davon vermitteln, dass es sich um ein Achteck handelte, das einen Felsen umgab, auf dem die Heilige Jungfrau Maria (Maryam, die Reinste) sich auf ihrem Weg ausgeruht haben soll. Dieser Felsen bildet also das Zentrum, genau wie im heutigen Felsendom – der ebenfalls ein Achteck ist, das einen anderen Felsen umgibt. Dieser Kuppeldom, den man auch ʿUmar-Moschee nennt, wurde Ende des siebten Jahrhunderts (unter ʿAbd al-Malik) erbaut und war eindeutig von der Kathisma-Kirche inspiriert, die später abgerissen wurde.

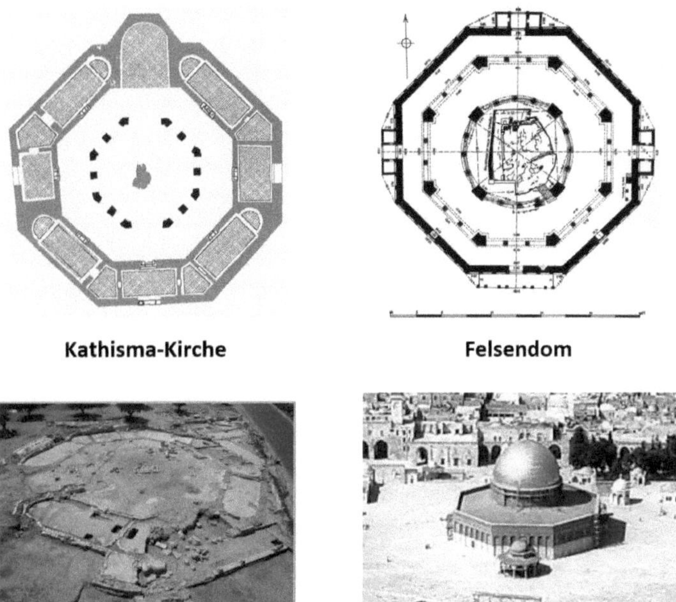

Die Archäologie und die Geschichte der Palme sollten die wichtige Botschaft uns aber nicht vergessen lassen, dass Bethlehem gesegnetes Land ist, das erhabenste in den Augen Gottes und der Menschen, weil in dieser Stadt der al-Masīḥ, das Wort Gottes, geboren wurde. Aber dieses unermessliche Gut des Kommens des Wortes Gottes entfesselt den Hass von Shaytan. Von ihm wurde Herodes angestachelt und ließ alle Kinder von Bethlehem massakrieren, doch al-Masīḥ und seine Mutter Maryam entkamen ihm durch ihre Flucht nach Ägypten.

Und diese Botschaft geht uns auch heute etwas an. In unserer Zeit inspiriert Shaytan immer noch das Abschlachten von Tausenden von Kindern, durch Bomben und Raketen oder auf andere Weise. Wie vor 2000 Jahren ist es Menschen unmöglich, das alles wiedergutzumachen, und der Kreislauf der Rache ist eine Sackgasse. Wir müssen dem Weg der Hirten von Bethlehem folgen: In ihrer Trauer verstanden sie es, darauf zu warten, dass al-Masīḥ durch die Wunden seiner Passion und die Tränen seiner heiligen Mutter diese Welle des Bösen auf sich nimmt und so die Welt durch die Kraft der Liebe rettet.

33

14. Zeichen, die rund um die Geburt Jesu geschehen

Die Empfängnis von ʿĪsā (Jesus) war ein Wunder, und auch seine Geburt wurde von wundersamen Zeichen begleitet. Welche Bedeutung haben diese Zeichen?

> „So empfing Maryam ihn und zog sich mit ihm zu einem fernen Ort zurück. Die Wehen ließen sie zum Palmenstamm gehen. Sie sagte: ‚O wäre ich doch zuvor gestorben und ganz und gar in Vergessenheit geraten!‘ Da rief er (das Neugeborene) ihr von unten her zu: ‚Sei nicht traurig; dein Herr hat ja unter dir ein Bächlein geschaffen. Schüttle zu dir den Palmenstamm, so läßt er frische, reife Datteln auf dich herabfallen‘“ (Sure *Maryam*/19:22-25).

Die Zeichen sind also: die Datteln der Palme, der Frühling und vor allem die Tatsache, dass das Baby sprechen kann. Der Kontext der Sure Maryam/19 ist polemisch, sie soll eine Reaktion sein auf die jüdische Verleumdung Maryams als Prostituierte, wie wir in den folgenden Versen 27 und 28 lesen: „Sie [die Familie] sagten: ‚O Maryam, du hast da ja etwas Unerhörtes begangen; O Schwester Hārūns, dein Vater war doch kein sündiger Mann, noch war deine Mutter eine Hure‘“ (K19:27-28). Die Antwort steht weiter oben: „Sie sagte: ‚Wie soll mir ein Junge gegeben werden, wo mich doch kein menschliches Wesen berührt hat und ich keine Hure bin‘“ (K19:20).

Es sei darauf hingewiesen, dass nach einer türkischen Übersetzung des Korans (DİB) in Vers 24 eine andere Antwort gegeben wird. Statt zu sagen: „Sei nicht traurig; dein Herr hat ja unter dir ein Bächlein geschaffen“, heißt es in diesem türkischen Koran: „Sei nicht traurig, dein Herr hat das, was in dir war, ehrenhaft gemacht“ – was viel mehr Sinn ergibt: Durch ein wundersames Wort wäscht der neugeborene ʿĪsā seine Mutter von aller Verleumdung rein. Wie kommt dieser Unterschied zustande?

Wenn man einem Aramäer oder Syrer nur die Konsonanten des Wortes Bächlein (*sariyyan* von der Wurzel *SRY*) zu lesen gibt, wird er spontan das Adjektiv *šariyā* lesen, das *legitim* (oder *ehrenhaft* in der türkischen Version) bedeutet.[18] Als die iranischen Kommentatoren des zehnten Jahrhunderts dem Korantext endgültig diakritische Punkte und Vokale hinzufügten, haben sie ihn falsch gelesen und sich einen *sariyyan*, einen Bach, vorgestellt – und so haben sie den Sinn des Textes verkannt. Aber es gab einen Grund für ihren Fehler. Der Text spricht von einer Palme, die Maryam ihre Datteln anbietet; diese Geschichte ist dem apokryphen Pseudo-Matthäus entnommen, einer sehr populären Geschichte, in der davon die Rede ist, dass in der Nähe dieser Palme eine Quelle erscheint![19]

Gibt es im Evangelium auch wundersame Zeichen, die die Geburt von Jesus (*'Īsā*) begleiten? Zunächst kann man festzustellen, dass er historisch sehr genau ist: „Es geschah aber in jenen Tagen, dass Kaiser Augustus den Befehl erließ, den ganzen Erdkreis in Steuerlisten einzutragen. Diese Aufzeichnung war die erste Volkszählung, damals war Quirinius Statthalter von Syrien. Da ging jeder in seine Stadt, um sich eintragen zu lassen" (Lukas 2:1-3). Was die Zeichen anbelangt, so erschien den Hirten zunächst ein Engel, und „die Herrlichkeit des Herrn umstrahlte ihn, und sie fürchteten sich sehr. Der Engel sagte zu ihnen: ‚Fürchtet euch nicht, denn siehe, ich verkünde euch große Freude, die dem ganzen Volk zuteil werden soll: Heute ist euch in der Stadt Davids (*Dāwud*) der Retter geboren; es ist der Christus, der Herr; und das soll euch als Zeichen dienen: Ihr werdet ein Kind finden, das in Windeln gewickelt in einer Krippe liegt'. Und plötzlich war bei dem Engel ein große himmlische Schar, die Gott lobte und sprach: ‚Ehre sei Gott in der Höhe und Friede auf Erden den Menschen seines Wohlgefallens'" (Lukas 2:9-14).

15. Der treue und wahrhaftige Zeuge

Menschen sind weder Maschinen noch Tiere, denn sie tauschen nicht nur Informationen und Gefühle aus. Sie tauschen menschliche, freie Worte aus. Da Menschen frei sind, sind sie auch fehlbar, sie können sich irren oder andere anlügen, und wichtige Gespräche brauchen Zeugen. Zum Beispiel bei einer Hochzeit, bei einer Gerichtsverhandlung oder bei einem Bankkredit. Aber diese Zeugen sind Menschen, und auch sie sind fehlbar. Die Menschheit versinkt in einem Mangel an Wahrheit; selbst bei Gerichten mit zwei Zeugen ist die Sprache immer noch hoffnungslos verdorben. Deshalb haben Menschen seit Anbeginn der Zeit im Namen der Gottheit geschworen! Der Koran spricht dieses Thema an:

> „O die ihr glaubt, wenn einem von euch der Tod naht zu der Zeit, da (er sein) Vermächtnis (macht), (soll) das Zeugnis unter euch (erfolgen) durch zwei gerechte Personen von euch, oder durch zwei andere, (die) nicht von euch (sind) /.../. Ihr sollt sie nach dem Gebet festhalten, und sie sollen dann, wenn ihr zweifelt, bei Allah schwören: ‚Wir verkaufen es für keinen Preis, auch wenn es sich um einen Verwandten handelt, und verheimlichen das Zeugnis Allahs nicht; wir gehörten sonst wahrlich zu den Sündhaften‘“ (Sure *al-Māʾida*/5:106).

Wenn man danach aber entdeckt, dass sie (beide) sich einer Sünde schuldig gemacht haben, dann (sollen) zwei andere an ihre Stelle treten von denen, zu deren Nachteil die beiden sich (einer Sünde) schuldig gemacht haben, und (sie) (beide sollen) bei Allah schwören: ‚Unser Zeugnis ist wahrlich berechtigter als deren Zeugnis. Und wir haben nicht übertreten; wir gehörten sonst wahrlich zu den Ungerechten‘“ Sure *al-Māʾida*/5:106-107).

Man schwört also bei Gott. Was aber, wenn Gott listig ist (Sure *al-Aʿrāf*/7:99)? Hat es Gott nötig, listig sein wie ein Mensch? Ist es nicht beunruhigend, dass Gott listig sein und uns täuschen kann?

Der Standpunkt Jesu (ʿĪsā) lautet: „Lasst eure Sprache sein: Ja? Ja, und Nein? Nein, alles weitere ist vom Bösen [*Raǧīm*, dem Verfluchten]“ (Matthäus 5:37). Natürlich müssen manche Dinge verborgen werden, ohne dass dadurch andere getäuscht werden. Jesus (ʿĪsā) sagte: „Gebt den Hunden nicht, was heilig ist, werft eure Perlen nicht vor die Säue, damit sie sie nicht zertreten und sich dann gegen euch wenden und euch zerreißen" (Matthäus 7:6).

Als Pilatus Jesus (*Ῑsā*) befragt, um ihn zu verurteilen: „Bist du ihr König? /.../ Was hast du getan?", antwortet Jesus (*Ῑsā*), dass er gekommen ist, „um für die Wahrheit Zeugnis abzulegen": "Wer aus der Wahrheit ist, hört auf meine Stimme" (Johannes 18:37). Im Gegensatz dazu steht Pilatus nicht fest in der Wahrheit und will sie nicht hören: „Was ist Wahrheit?" (Johannes 18:38). Jesus (*Ῑsā*) ist der treue und wahrhaftige Zeuge, der einen grausamen Tod als Zeugnis für die Wahrheit litt.

Jesus gibt uns Zeugnis von der Wahrheit, die in Gott ist und Gott ist. Er hat einen einzigartigen Platz in der menschlichen Sprache und seine Jünger folgten seinem Beispiel. Sie starben als Märtyrer für die Wahrheit; hätten sie dann ein falsches Zeugnis oder falsche Evangelien fabriziert?

Heute ist diese Lehre besonders wichtig, wo es so viele Lügen gibt, wo man uns manipuliert und wo man uns in Angst hält, um uns zu Sklaven zu machen. Nun, dazu sagen wir "nein" und wenden wir uns an Jesus, der die Wahrheit ist: „Ich bin der Weg, die Wahrheit und das Leben" (Johannes 14:6).

16. Rechtfertigung durch Wunder?

Der Koran berichtet von keinem Wunder, das Muḥammad vollbracht hat, aber für den Muslim ist der Koran selbst ein Wunder. Wie das? Der Korantext scheint sich selbst für unnachahmlich zu halten (z. B. in der Sure *al-Baqara*/2:23). Im Laufe der Jahrhunderte haben viele diese Behauptung angefochten, indem sie Texte in Versen verfassten (auf Arabisch ist das einfach) und sie als Verse aus dem Koran ausgaben. Heute besteht man nicht mehr darauf, dass der Koran unnachahmlich sei (und in perfektem Arabisch geschrieben, was bei weitem nicht der Fall ist), sondern dass der Koran selbst die Gesamtheit der Wissenschaft in sich berge. Man müsste dann nämlich glauben, die Menschen im Westen hätten heimlich den Koran studiert und ihr Wissen daraus abgeleitet. Die Frage der Rechtfertigung durch Wunder ist also nicht nebensächlich.

In der Sure *Āl ʿImrān*/3 sagt das Kind ʿĪsā:

> „Ich bin ja mit einem Zeichen von eurem Herrn zu euch gekommen: dass ich euch aus Lehm (etwas) schaffe, (was so aussieht) wie die Gestalt eines Vogels, und dann werde ich ihm einhauchen, und da wird es ein (wirklicher) Vogel sein. Und ich werde mit Allahs Erlaubnis den Blindgeborenen und den Weißgefleckten heilen und werde Tote mit Allahs Erlaubnis wieder lebendig machen. Und ich werde euch kundtun, was ihr eßt und was ihr in euren Häusern aufspeichert. Darin ist wahrlich ein Zeichen für euch, wenn ihr gläubig seid" (K3:49).

Das Wunder des Vogels ist eine bei den Arabern jener Zeit sehr beliebte Fantasiegeschichte (sie ist uns durch ein apokryphes Buch bekannt,[20] und die anderen im Koran erwähnten Heilungen, die weitaus größere Bedeutung haben, werden von den Evangelien bezeugt. In der Sure *al-Māʾida*/5 wird anerkannt, dass die Werke von ʿĪsā (Jesus) ein Beweis für das sind, was er sagt und lehrt: „Und (als) du den Blindgeborenen und den Weißgefleckten mit Meiner Erlaubnis heiltest und Tote mit Meiner Erlaubnis (aus den Gräbern) herauskommen ließest; und als Ich die Kinder Isrāʾīls von dir zurückhielt, als du mit den klaren Beweisen zu ihnen kamst" (K5:110). Die Wunder Jesu (ʿĪsā) erfordern Glauben, sonst werden sie mit ‚schlechtem Glauben‘ abgelehnt. Deshalb spricht Jesus (ʿĪsā) auch vom Gericht. Jesus (ʿĪsā) wirft den Juden, die nicht an ihn glauben, vor: „Wie könnt ihr glauben, die ihr euch eure Ehre voneinander bestätigen lasst und nicht die Ehre sucht, die allein von Gott kommt?" (Johannes 5:44). Was diesen Juden fehlt, um al-Masīḥ anzunehmen, ist etwas in ihnen, das dem Gott entspricht, der sich selbst offenbart: Jesus (ʿĪsā) sagt: „Und sein Wort bleibt nicht in euch" (Johannes 5:38). Und weiter: „Die brennende Liebe Gottes ist nicht in euch" (Johannes 5:41). Außerdem wird die Offenbarung verdoppelt durch ein Gericht, das denjenigen gilt, die sie ablehnen: „Glaubt nicht, dass ich euch vor dem Vater anklagen werde; derjenige, der euch anklagt, ist Moses (Musa), auf den ihr eure Hoffnung gesetzt habt" (Johannes 5:45). Jesus (ʿĪsā) erklärt, dass seine Wunder die Tatsache beweisen, dass er ein Gesandter Gottes ist. Er sagt: „Diese Werke, die ich tue, zeugen von mir, dass mich der Vater gesandt hat; und der Vater, der mich gesandt hat, Er zeugt von mir" (Johannes 5:36).

Es gibt falsche Wunder, und Jesus kündigte das Kommen falscher Messiasse und falscher Propheten an, die sie vollbringen werden (Matthäus 24:24). Die Wunder Jesu (ʿĪsā) sind wahrhaftige Zeichen, denn sie führen zu Gott. Im Evangelium heißt es auch, dass der geheilte Blinde verstoßen wurde, als er sagte, dass Jesus (ʿĪsā) von Gott sei (Johannes 9:34). Aber Jesus fand ihn und fragte ihn: „Glaubst du an den Menschensohn?" Nach dem Propheten Daniel ist der Menschensohn derjenige, der auf den Wolken des Himmels kommen  wird, um die Völker zu richten. Der geheilte Blinde antwortete Jesus: „Ich glaube, mein Herr! Und er fiel nieder und betete ihn an" (Johannes 9:38).

17. Niemand ist in den Himmel hinaufgestiegen als der, der vom Himmel herabgestiegen ist

Die Sure *al-Isrāʾ*/17 beginnt wie folgt:
> „Gepriesen sei Er, der Seinen Diener bei Nacht von der Heiligen Moschee zu der weit entfernten Moschee geführt hat, um die Wir Unseren Segen gelegt haben, um ihm einige Unserer Zeichen zu zeigen. Er ist der Hörende, der Hellsichtige" (K17: 1).

Der Diener soll hier Muḥammad sein, und die erwähnte nächtliche Reise (*al-isrāʾ*) wäre eine Reise von Mekka nach Jerusalem. Diese Reise soll auf einem übernatürlichen Reittier, einer geflügelten Stute namens *al-Burāq*, stattgefunden haben. Man hat diese ultraschnelle Reise auch auf ein Jahr datiert: das Jahr 620 der christlichen Zeitrechnung.

Damit gibt es mehrere Probleme. Wenn sich die „ferne Moschee" oder *al-Aqṣā* auf das Bauwerk beziehen soll, das am anderen Ende der Esplanade (hinter dem Felsendom) gebaut wurde, dann erwähnt der Koran etwas, das laut Korantext erst ein Jahrhundert später gebaut wurde (ein Teufelskreis!). Die Identifizierung des Felsens, um den die Kuppel gebaut ist, als Ausgangspunkt des Aufstiegs (*al-miʿrāǧ*) zum Himmel, erscheint in den Quellen nicht vor dem 10. Jahrhundert.[21] Und dieser Vers 17:1 fehlt in den Inschriften des Felsendoms.[22]

Könnte man nicht einfach sagen, dass sich die *Isrāʾ* und der darauf folgende *Miʿrāǧ* (des Muḥammad vom Felsen der Esplanade in den Himmel trägt) auf eine Überlieferung beziehen, auf die der Koran selbst eine Anspielung macht: „eine Leiter in den Himmel ausfindig machen kannst, und ihnen dann ein Zeichen bringen kannst" (Sure *al-ʾAnʿām*/6:35)? Die Menschheit kann nicht ohne eine gewisse Kommunikation mit ‚dem Himmel', dem Schöpfer, leben.

Diese Vorstellung von einer Leiter oder von einer Kommunikation mit dem Himmel ist bereits vorhanden, wenn es heißt: „Und gedenke im Buch Mūsās. Gewiß, er war auserlesen, und er war ein Gesandter und Prophet. Wir riefen ihn von der rechten Seite des Berges und ließen ihn zu vertraulichem Gespräch näherkommen" (Sure *Maryam*/19:51-52). Das Alte Testament erzählt uns, dass Gott Moses (*Mūsā*) das himmlische Modell

der Wohnung, den Tempel, zeigt (Exodus 25). In ähnlicher Weise wurde
das hebräische Gesetz durch das Wirken von Engeln empfangen (Galater
3:19). Jesus (*'Īsā*) bezieht sich auf das von Mose (*Mūsā*) gegebene Gesetz:
Es geht nicht darum, das von Gott stammende Gesetz zu ändern. Auch Jesus verweist auf das Gesetz: „Du kennst die Gebote: Du sollst nicht töten,
du sollst nicht ehebrechen, du sollst nicht stehlen, du sollst nicht falsches
Zeugnis ablegen, du sollst nicht Unrecht tun, du sollst deinen Vater und
deine Mutter ehren" (Markus 10:19).

Jesus ist wie eine lebendige Leiter: Über ihm steigen die Engel Gottes
auf und ab (Johannes 1:51). Er gibt den Menschen ihre Beziehung zu Gott
zurück, eine Beziehung, die es wieder möglich macht, aus Gott zu leben
und aus ihm kreativ zu sein. Noch deutlicher wird dies in dem, was Jesus
(*'Īsā*) Nikodemus lehrt:

> „Der Wind weht, wo er will, und du hörst sein Geräusch, aber
> du weißt nicht, woher er kommt und wohin er geht. So ist es
> bei jedem, der aus dem Geist geboren ist" (Johannes 3:8).

Der Hauch des Geistes (Johannes 3:8) bewirkt nicht nur eine Verinnerli-
chung des mosaischen Gesetzes, er ist vielmehr ein Hauch, der vom Himmel, d.h. von Gott kommt. Jesus (*'Īsā*) sagte auch zu Nikodemus: „Niemand
ist in den Himmel hinaufgesteigen außer dem, der vom Himmel herabgestiegen ist" (Johannes 3:13).

Niemand ist in den Himmel aufgestiegen, aber Jesus (*'Īsā*) ist von dort
herabgestiegen!

18. Was bedeutet „Jesus ist der Herr"?

Stellt sich der Koran vor, dass die Christen Jesus ‚vergöttert' haben?

Die Judäer sagten einst zu Jesus: „Du machst dich selbst zu Gott" (Johannes 10:33); sie taten so, als glaubten sie, Jesus, der wahre König der Juden, gebe sich als heidnischer König aus, wie z. B. Antiochus IV., der sich gerne als ‚Epiphanes', d. h. als Erscheinung Gottes, bezeichnete, oder wie Julius Caesar, der nach seinem Tod im Jahr 44 v. Chr. tatsächlich ‚vergöttert' wurde (*Imperator Iulius Cæsar Divus*). Der Jude Philo von Alexandria reagierte auf diese Absurdität kurz nach 41 n. Chr. in seiner *Legatio ad Caium* auf seine Weise: „Gott würde sich eher in einen Menschen verwandeln als ein Mensch in Gott" – in Anspielung auf die schockierende Szene, die er in Rom gesehen hatte, als sich der Kaiser Caius Caligula als Jupiter verkleidet gezeigt hatte.[23] Alles in allem spielt Philo auf die jüdische Hoffnung auf einen Gott an, der sein Volk besuchen wird, und er hat offensichtlich gehört, was die Anhänger Jesu sagten.

Auf den Vorwurf, sich (in heidnischer Manier) selbst zu Gott zu machen, erwidert Jesus, dass er durch den einen Gott geweiht wurde. Er verwendet das Wort ‚geweiht', dessen Wurzel *qdš* sich auf das Heiligtum bezieht.[24] Das Heiligtum ist der Ort des Gebets, der Ort, an dem Gott seine Gegenwart manifestiert. Diese Antwort Jesu, die mitten im Fest der Einweihung ausgesprochen wird, ist sehr bedeutsam:

> „Zu demjenigen, den der Vater geweiht [Wurzel *qdš*] und in
> die Welt gesandt hat, sagt ihr: ‚du lästerst Gott'" (Joh 10:36).

Bei einer anderen Gelegenheit erklärt Jesus (*ʿĪsā*), dass das, was jemanden davon abhält, an ihn zu glauben, ein Urteil ist, dass sich zu sehr am Fleisch orientiert:

> „Ihr, ihr urteilt nach dem Fleisch;
> Ich dagegen urteile über niemanden.
> Und wenn ich doch urteile,
> Ist Mein Urteil wahrhaftig!
> Denn ich bin nicht allein!
> Sondern ich und mein Vater, der mich gesandt hat!"
> (Johannes 8:15-16).

All dies bedeutet, dass Jesus (*'Īsā*) der Sohn-Ibn ist, und dass es ein Leben in Gott gibt. Allah ist übrigens ein Wort, das im Plural steht, wie arabische Grammatiker wissen. Und doch ist er einer. Jesus (*'Īsā*) ist Gottes Gesandter (*rasūl*) unter den Menschen; auf der Erde ist er das ‚Abbild' des Vaters und macht ihn uns bekannt. Wenn Gott wirklich lebendig ist, bleibt er nicht auf sich selbst beschränkt, er will sich offenbaren. Er will nicht nur Befehle erteilen, er will sich selbst mitteilen. Es steht geschrieben: „Niemand kann sagen: ‚Jesus ist der Herr', wenn er nicht mit dem Heiligen Geist ist" (1 Kor 12:3). Es ist der Heilige Geist (der Heilige Atem), der uns etwas von diesem Leben, das in Gott ist, spüren lässt.

19. Kann man durch Mel Gibsons Film den Tod Jesu verstehen?

Im Koran heißt es: „Aber sie haben ihn weder getötet noch gekreuzigt, sondern es erschien ihnen so /.../ Vielmehr hat Allah ihn zu Sich erhoben"(Sure *an-Nisāʾ*/4:157-158). Man kann sich jedoch fragen: Was steckt hinter dem großen Interesse an Mel Gibsons Film über die Passion Christi (2004) in den arabischen Ländern?

Der Präsident der Palästinensischen Autonomiebehörde, Jassir Arafat, bezeichnete den Film als „bewegend und historisch",[25] und Arafats Medienberater Nabil Abu Rudeina, der den Film zur gleichen Zeit wie Arafat sah, sagte: „Die Palästinenser sind immer noch den gleichen Leiden ausgesetzt, die ʿĪsā (Jesus) bei seiner Kreuzigung erleiden musste."[26] Der Herausgeber der katarischen Tageszeitung *al-Waṭan*, Aḥmad ʿAlī, lobte die „Politik der Offenheit" des katarischen Prinzen Scheich Ḥamad b. Ḥalīfa Āl Ṯānī: „Die Aufführung des Films [von Mel Gibson] in Katar ist ein Schritt in Richtung einer Politik der kulturellen Offenheit und religiösen Toleranz in unserem Land. Wir möchten jedoch den anderen Standpunkt hören, den des Ministeriums für islamische Angelegenheiten ...denn das Schweigen dieses Ministeriums zur Vorführung des Films in Katar könnte als Akzeptanz der falschen [christlichen] Version der Kreuzigung von ʿĪsā (Jesus) interpretiert werden."[27]

Das Interesse an Mel Gibsons Film rührt daher, dass wir sehen, wie der Teufel-*Iblīs*, der in dem Film sehr stark personifiziert wird, durch das Blutvergießen von al-Masīḥ seine Macht verliert. Der Teufel-*Iblīs*, „Fürst dieser Welt", hält die Menschen in den Kette des Bösen gefangen: Er greift sie sowohl von außenan: (Ungerechtigkeiten, Krankheiten, Unglück), als auch von innen Er stiftet die Menschen dazu an, andere oder sich selbst zu zerstören. Der Teufel-*Iblīs* ist nicht in der Lage, Jesus (*ʿĪsā*), zu verführen, Jesus bleibt unschuldig; deshalb konzentriert der Teufel-*Iblīs* alles Böse der Welt gegen ihn. Jesus (*ʿĪsā*) verwandelt dieses Böse in ein Leiden, das er für andere aufopfert: Er gibt sein Leben hin bis zum letzten Tropfen seines Blutes! Und so macht er dem Teufel-*Iblīs* einen Strich durch die Rechnung und zerbricht die Kette des Bösen. Angesichts der Unschuld Jesu (und seiner Mutter) kann jeder erkennen, dass er sebst nicht so unschuldig ist, wie er behauptet. „Es gibt keinen Gerechten auf Erden, der Gutes tut und nicht sündigt" (Kohelet 7:20). Maryam zeigt uns den Ausweg: Sie bleibt bei der Opferung ihres Sohnes aufrecht stehen, und in ihrem unbefleckten Glanz kann ein jeder an diesem Werk der Befreiung vom Bösen teilhaben, in sich selbst und in der Gesellschaft.

Das Vergießen von Jesu Blut steht in Beziehung zur Opferung von Abrahams Sohn (welcher Sohn auch immer), die nicht stattgefunden hat, und derer am *ʿĪdu l-Aḍḥā* gedacht wird. Jesus hat sein Blut vergossen, damit kein menschliches Blut mehr vergossen wird. Das wird in krankhafter Weise verkehrt, wenn manche Menschen das Blut der „Unerlösten" vergießen und das als einen Akt der Anbetung Gottes verstehen. Jesu Blut reinigt die Welt. Diejenigen, die Gewalt und Tod verherrlichen, setzen das Werk von Šaiṭān fort, während sie behaupten, sie würden die Welt reinigen! Der wahre „Märtyrer" (*šahīd*) ist derjenige, der sein Leben für andere gibt, nicht derjenige, der sein Leben verliert, nachdem er versucht hat, so viele Feinde Gottes wie möglich zu töten.

Im Film sehen wir auch, wie einer der Verurteilten den Weg zur Vergebung findet, indem er auf die Mutter schaut, die am Kreuz steht. Es gibt kein Übel, das so groß ist, dass man nicht durch die Hinwendung zu ihr, Maryam, der Reinsten, davon loskommen könnte.

20. Aus der Spirale des Bösen ausbrechen: Vergebung

Wir haben gesehen, dass es dem Teufel-*Iblīs* nicht gelang, ʿĪsā (Jesus) in die zerstörerische Spirale des Bösen zu ziehen, deshalb hat er alles Böse der Welt gegen Jesus konzentriert. Mel Gibsons Film zeigt und deutet darauf hin, dass er in seinem Fleisch und in seinem Geist mehr gelitten hat als jeder andere Mensch auf der Welt, Er, der sich als einziger nicht des Bösen schuldig gemacht hat. Das Lukasevangelium berichtet uns auch seine letzten Worte: „Vater, vergib ihnen; sie wissen nicht, was sie tun" (23:33).

Vergebung? In der Antike vor Christus war das einzige Beispiel für Vergebung, das der große Philosoph Aristoteles anführte, das einer Mutter, die ihrem kleinen Kind verzeiht: Sie tut dies im Hinblick auf die Zukunft, weil sie glaubt, dass ihr Kind sich bessern wird (und sie wird es in diesem Sinne erziehen). Aristoteles findet kein anderes Beispiel. Nur das Opfer kann verzeihen; aber warum sollte es das tun? Vergibt Gott selbst? Im Koran, schon in der *Fātiḥa* (Sure 1), lesen wir, dass Gott *raḥmān / raḥīm* ist, zwei sehr nahe liegende Formen, die in etwa dem Wort *Barmherzigkeit gebend / barmherzig* entsprechen.[28] Der Gott, der Barmherzigkeit zeigt (*raḥmān*) – das heißt, er ist angeführt und will das Wohl der Menschen – ist in sich selbst barmherzig (*raḥīm*). Ist er bereit, zu vergeben, oder führt er ein geheimes Buch über gute und böse Taten und das sogar obwohl er selbst zu den einen wie den anderen anstiftet?

Die Zehn Gebote, die Moses (*Mūsā*) diktiert wurden, lehrten die Menschen, sich nicht gegen ihren Schöpfer zu versündigen, und die gesamte Geschichte der Hebräer war ein langer Erziehungsweg, durch den sie lernen sollten, Gottes Gesetze zu achten. Sie entdeckten auch, dass Gott aus dem Griff des Bösen retten will, denn Gott sieht, wie eine Mutter, vor allem das Leben seiner Geschöpfe, und deshalb bietet er denen, die reuig sind, Vergebung an, bevor seine Gerechtigkeit eingreift: „Du schließt deine Augen vor den Sünden der Menschen, damit sie bereuen [...] Du verschonst alles, denn alles gehört dir, Herr, Freund des Lebens!" (Weisheit 10:23-26). Wenn Gott die Möglichkeit der Reue (und der Wiedergutmachung) anbietet, warum sollte dann der Mensch dies nicht auch gegenüber anderen tun, die ihm Schaden zugefügt haben? Sollte die Möglichkeit der Vergebung nicht Vorrang haben vor der Rache und vor dem Gesetz „Auge um Auge, Zahn um Zahn"?

Der Mensch kann aus eigener Kraft keine Vergebung anbieten. Nur einer hat diesen Weg geöffnet, und das ist ʿĪsā (Jesus). Denn dieser Weg führt über Gott. Das ist das Geheimnis der Vergebung. *Vergeben heißt zunächst, Gott das erlittene Übel und die zu verteidigende Sache anzuvertrauen und eine Tür für eine Zukunft zu öffnen, in der er eingreifen wird.* Es bedeutet, aus der Spirale des Bösen durch einen Akt des Glaubens auszubrechen. Gott ist allmächtig, aber er erwartet, dass wir ihm die Situationen überlassen. Jesus hätte Feuer vom Himmel auf Judas oder den Sanhedrin herabregnen lassen können, schon lange bevor er ausgeliefert wurde zu seiner Kreuzigung. Er hat seinem Vater alles übergeben, er hat sich selbst ganz hingegeben (Mt 27:46). Und das Böse verlor seine Macht. So wurde Jesus derjenige, durch den wir aus der Spirale des Bösen und dem Griff der Sünde aussteigen können: Durch

ihn „vergibt" Gott denen ihre Sünden, die bereuen. Jesus kann selbst den schlimmsten Verbrechern die Vergebung Gottes anbieten – so wie es bei dem Gekreuzigten zu seiner Rechten der Fall war, der um Vergebung bat. Mitten im Tod schenkt er Leben. Es handelt sich um eine einzigartige Macht, die Jesus besitzt und die er an seine Apostel weitergegeben hat, sonst müssten wir nur in der Vergangenheitsform davon sprechen. Heute wie gestern wird uns diese Macht Jesu gezeigt durch Zeichen, die dem Leben dienen: „Damit ihr wisst, dass der Menschensohn auf Erden Macht hat, Sünden zu vergeben, sagte er zu dem Gelähmten: Steh auf, nimm dein Bett und geh heim. Dann stand dieser auf und ging nach Hause" (Matthäus 9:6-7).

21. Ist ʿĪsā von den Toten auferstanden, um sich zu rächen?

In der Sure *al-Māʾida*/5 wird berichtet, dass ʿĪsā (Jesus) Leben spendet: „Und mit meiner Erlaubnis hast du die Toten wiederbelebt" (K5:110), was sich im Evangelium beispielsweise auf die Wiederbelebung des vier Tage zuvor verstorbenen Lazarus bezieht (Johannes 11).

In der Sure *Maryam* heißt es: „Und der Friede sei auf mir [ʿĪsā] am Tag, da ich geboren wurde, und am Tag, da ich sterbe, und am Tag da ich wieder zum Leben auferweckt werde" (K19:33). Jesus (ʿĪsā) starb einen grausamen Tod. Wenn er daraufhin „zum Leben erweckt" wird, kommt er dann zurück, um Rache zu nehmen? Im Evangelium heißt es: „Am Abend dieses ersten Tages der Woche [Sonntag nach dem Passahfest], als die Jünger aus Furcht vor den Juden bei verschlossenen Türen beisammen waren, kam Jesus, trat in ihre Mitte und sagte zu ihnen: ‚Friede sei mit euch'" (Joh 20:19). Er bringt Frieden – und noch mehr – er erscheint nicht, um zusammen mit seinen Freunden eine Racheaktion zu organisieren. Wird seine Rache aufgeschoben bis zu dem Tag, an dem er kommt, um zu richten?

Auch dieser „Tag des Gerichts" wird keine Rache sein, sondern die Reinigung, die für die Vollendung der Herrschaft Gottes auf Erden notwendig ist, und zwar durch die Vernichtung des Antichristen ad-Daǧǧāl und derer, die ihn eindeutig gewählt haben. Die Zeit dieser Herrschaft Jesu Christi wird der Vorbereitung auf den Tag der Auferstehung der Toten dienen. Da Jesus (ʿĪsā) als erster auferstanden ist, eröffnet er diesen Weg zur Auferstehung der Toten, den wir erwarten. Der Koran hat diese Erwartung der Auferstehung der Toten beibehalten, indem er betont, dass Allah in der Lage ist, sie zu vollenden (Sure *al-Qiyāma*/75:1-4), aber er hat das Szenario für das Ende aus den Augen verloren. Der Koran stellt die Frage: „Hat dieser (Gott) nicht die Macht, die Toten wieder lebendig zu machen?" (K75:40), aber er erklärt nicht mehr wie und warum. Der heilige Paulus erklärt, wie wir auferstehen werden, nämlich mit einem unvergänglichen, herrlichen, starken, geistlichen Leib (1 Korinther 15:35-44). Der Grund für die Auferstehung ist die Wiedervereinigung mit Gott unter Einbeziehung all dessen, was man auf der Erde war, aber gereinigt. Jesus (ʿĪsā) ist der erste auf diesem Weg, und mehr.

Nachdem er den Tod erfahren hat, bringt Jesus, das Wort, das von Gott ausgeht, Leben in den Aufenthaltsort der Toten, und zwar durch seine Stimme, in einer Begegnung: „Amen, amen, ich sage euch, die Stunde kommt – und sie ist schon gekommen –, in der die Toten die Stimme des Menschensohns hören, und die ihn hören, werden wieder lebendig. Denn wie der Vater das Leben in seiner Person ist, so hat er es seinem Sohn (*ibn*) gegeben, damit er das Leben in seiner Person habe, und er bevollmächtigt ihn auch, Richter zu sein, denn er ist der Menschensohn" (Joh 5:25-27). Jesus *ʿĪsā* ist der Menschensohn, d. h. derjenige, von dem der Prophet Daniel ankündigte, er werde auf den Wolken des Himmels kommen, um die Erde zu richten (Dan 7). Wenn er also wiederkommt, nicht auf der Erde (das ist sinnlos und irreführend), sondern „in den Wolken" (Mt 24:30), werden die einen ihn erkennen und annehmen, die anderen werden es nicht einmal ertragen können, ihn zu sehen, und so wird das Gericht der Welt durch die Begegnung mit ihm vollzogen werden.

In der Zwischenzeit kann uns der auferstandene Jesus (*ʿĪsā*) bereits durch seinen Heiligen Geist begegnen und uns fragen, wie er es bei Petrus am See tat: „Liebst du mich?" (Johannes 21:15). Jesus *ʿĪsā* zu lieben bedeutet, ihm zu folgen. Die Geschichte der Auferstehung von Jesus (*ʿĪsā*) ist in gewisser Weise eine Rache der Liebe gegen das Böse, die von einem Gott ausgeht, der das Gute und das Leben will.

Wenn Jesus (*ʿĪsā*) mit seinem auferstandenen Leib (unvergänglich, herrlich, stark, geistig – 1 Kor 15:35-44) erscheint und die Erde gerichtet hat, wird er nicht durch physischen, militärischen Zwang regieren, sondern durch die Anziehungskraft seiner Liebe („Liebst du mich?"); dadurch wird er die noch Lebenden auf das Leben im Himmel vorbereiten. Schließlich wird er uns in den Himmel bringen, damit wir in der göttlichen Liebe beständig leben können, und dann wird sich die Verheißung des Engels Gabriel (*Ǧibrīl*) an Maria voll und ganz erfüllen: „Sein Reich wird kein Ende haben" (Lukas 1:30).

22. Ist Muḥammad der von ʿĪsā verheißene Paraklet?

In der Sura *aṣ-Ṣaff*/61 stellt sich ʿĪsā als Gesandter vor „bestätigend, was von der Thora vor mir (offenbart) war, und verkündend, der nach mir kommen wird" (K61:6). Demnach hätte ʿĪsā Muḥammad (= *Aḥmad*) angekündigt. Man muss jedoch beachten, dass nach der sehr alten Version von Ubaiy in der Mitte dieses Verses vielmehr folgendes zu lesen ist: „und ich kündige euch einen Propheten (*nabīy*) an, dessen Gemeinschaft (*umma*) die letzte Gemeinschaft sein wird und durch den Gott ein Siegel auf die Propheten (*nabīyūn*) und Gesandten (*rusul*) setzen wird" (K61:6).[29]

Wenn man sich an die übliche Version des Korans und seiner Kommentare hält, dann hätte das griechische Johannesevangelium tatsächlich Muḥammad unter dem Begriff *paráklētos* angekündigt, denn, so hat man uns erklärt, wenn man das griechische Wort *paráklētos* auf arabische Weise transkribiert (ohne die Vokale zu berücksichtigen), ergibt dies *brklts* (lies: *baraklitus*); dies ist aber zufällig auch die arabische Transkription eines anderen griechischen Begriffs: *periklutós*. *Periklutós* bedeutet *berühmt*, also *gepriesen*. Es genügt also, dass *mu-ḥammad* „der Gepriesene" bedeutet, um zu sagen, dass ʿĪsā (Jesus) ihn angekündigt hat. Es liegt auf der Hand, dass nur eine arabischsprachige Bevölkerung diesem Taschenspielertrick Glauben schenken kann; es handelt sich hierbei um eine „interne Apologetik", d. h. um einen Diskurs, den nur Muslime unter sich führen können.

Jesus (*ʿĪsā*) hat jedoch sehr wohl einen ‚Parakleten' versprochen, den der Vater senden würde (Johannes 14:16-17; 15:26-27). Was bedeutete dieses Wort? In der semitischen Welt ist ein *paraklita* ein Souffleur, der dem Rezitator der heiligen Texte zur Seite steht, und vor Gericht ist es der Verteidiger, der dem Zeugen seine vorbereitete Aussage (vorzugsweise auswendig) ‚vorbläst', ohne jedoch stellvertretend für ihn zu sprechen. Der neue ‚Paraklet', den die Jünger Jesu brauchen werden, ist der Geist Gottes, der Geist der Wahrheit. Sie werden Zeugnis ablegen müssen, einige von ihnen werden Märtyrer sein – Zeugen der Wahrheit. Der Geist, der diese Jünger inspiriert, ist der Geist Jesu selbst, damit sie weiterhin sein Wort und sein Leben in die Welt bringen.

Wir lesen: „Der Heilige Geist, der Paraklet, den der Vater in meinem Namen senden wird, wird euch alles lehren und euch an alles erinnern, was ich euch gesagt habe" (Johannes 14:26). Wenn Jesus (ʿĪsā) sagt: „Wer an mich glaubt, nach dem Wort der Schrift, aus dessen Eingeweiden werden Ströme lebendigen Wassers fließen" (Johannes 7:38), erklärt der Evangelist: „Er sprach von dem Geist, den diejenigen empfangen sollten, die an ihn glauben" (Johannes 7:39).

Das Johannesevangelium zeigt uns, dass Jesus den Geist in dem Moment gibt, in dem er stirbt, d. h. er gibt ihn weiter (Joh 19:30), und dass sein Gewand nicht zerrissen wird, was ein Zeichen für die Einheit der Jünger. Christen sind durch den Geist Jesu geeint. Sie sind aber nicht wie Soldaten vereint, die gegen den Feind kämpfen, sondern als Jünger, die Söhne des Vaters geworden sind. Sie erfahren, dass sie zu einer neuen Familie gehören, die Jesus (ʿĪsā) seiner Mutter, Maria, der Reinsten, anvertraut hat (Joh 19:25-27).

Diese Erfahrung begann mit dem Pfingstfest und dauert bis heute an.

„Die Frucht des Geistes ist Liebe, Freude, Frieden, Langmut, Freundlichkeit, Güte, Treue, Sanftmut und Enthaltsamkeit" (Galater 5:22-23).

Das aramäische Wort Frieden *šəlāmā* bezeichnet den inneren Frieden, das ‚Wohlbefinden' mit Gott, das Jesus schenkt, im Gegensatz zu *šuyyānā*, das sich auf den äußeren Frieden bezieht.

23. Ǧibrīl, der Heilige Geist und der Koran

Der Geist Gottes ist Gott. Man könnte sagen, dass es Gott ist, der handelt, manchmal, aber nicht unbedingt, durch die Vermittlung von Engeln.

Die Sure *al-Māʾida*/5 erhebt den Vorwurf, den Geist (der „Mutter von ʿĪsā (Jesus)" genannt wird)[30] „neben Gott" zu stellen: „ʿĪsā, Sohn von Maryam, hast du zu den Menschen gesagt: Haltet mich und meine Mutter für zwei Götter, neben Gott?" (K5:116). Genau darum geht es, die Christen haben nie die Vorstellungen von einem zweiten oder dritten ‚Gott' entwickelt. Wenn es aber das Leben ist, das in Gott ist und das sich weitergeben will, dann muss man nach einer ganz anderen Bedeutung suchen.

Wir haben auch gesehen, dass der Engel Gabriel (*Ǧibrīl*) bei der Verkündigung an die Jungfrau Maria, Maria die Reinste, zu ihr sagte: „Der Heilige Geist wird über dich kommen, und die Kraft des Höchsten wird dich überschatten" (Lukas 1:35). Das hat Gott noch nie zu einem anderen Menschen gesagt und wird es auch nie wieder tun. Und sie verstand genau, dass sich die Verheißung der Heiligen Schrift an ihr erfüllen würde, wenn sie zustimmte, und dass Gott auf diese Weise kommen würde, um „sein Volk zu besuchen" (Lukas 1:68 und 7:16).

Auch wenn wir den Heiligen Geist nicht sehen können, können wir ihn benennen. Dies scheint jedoch ein Problem zu sein, seit die iranischen Grammatiker des Korans eingegriffen haben. Auf Arabisch heißt es: *ar-rūḥ al-qudus*, mit dem Artikel *al-* vor *rūḥ*, und das bedeutet „der Heilige Geist". Der Artikel *al-* vor *rūḥ* findet sich zum Beispiel in der Sure *aš-Šuʿarāʾ*/26: „Der treue Geist (*ar-rūḥ al-amīn*) stieg damit herab" (K26:193). Ähnlich heißt es in der Hinzufügung am unteren Rand der Handschrift (was man Palimpsest nennt) von Ṣanʿā DAM 01-27.1 aus dem siebten Jahrhundert: „Wir haben ihm [ʿĪsā (Jesus), Sohn von Maryam] geholfen (oder ihn handeln lassen, Verb *ayyada*) durch den Heiligen Geist (*ar-rūḥ al-qudus*)" (Sure *al-Baqara*/2:87).

In späteren Koranfassungen dagegen ist der Artikel *al-* demgegenüber verschwunden, so dass man nur lesen kann: *rūḥ al-qudus*, „der Geist des Heiligen." Welcher „Geist des Heiligen"? Den Auslegern zufolge ist es …der Engel Gabriel-Ǧibrīl! Aber es gibt dabei ein Problem: zu der Sure *al-Baqara*/2:87 und zu den Parallelstellen[31] passt das nicht, denn man kann nirgendwo ‚lesen', dass der Engel Gabriel-Ǧibrīl ʿĪsā (Jesus) geholfen hätte (oder ihn handeln ließ)! Die Übersetzer übersetzen daher mit „der Geist der Heiligkeit" (oder der Heilige Geist). Aber da überall sonst der Artikel *al-* entfernt wurde,[32] heißt es, dass *rūḥ al-qudus* Gabriel-Ǧibrīl ist. Diese Ungereimtheiten zeigen vor allem, dass die iranischen Ausleger ein Problem mit dem Heiligen Geist hatten.[33]

Gott ist nicht einer, der von Zeit zu Zeit Botschaften schickt und aus der Ferne nach unabänderlichen Beschlüsse handelt; er ist voll und ganz lebendig, und das Leben ist dazu da, geteilt zu werden und zu wachsen – sonst wäre es, im Gegenteil, der Tod. Wenn Gott lebendig ist und sich mitteilen will, dann ist also Leben in ihm, und dieses Leben zirkuliert in ihm um drei Pole, was in der Bibel (Altes und Neues Testament) zunächst auf eher verschleierte Weise und dann mit größerer Klarheit offenbart wurde. Die Botschaft der Bibel ist Leben, sie ist viel mehr als eine Botschaft, und der Geist Gottes ist an dieser innergöttlichen Kommunikation vollständig beteiligt.

Die Jungfrau Maria, Maryam, die Reinste, erlebte diese Kommunikation besonders stark. Wir sind dazu eingeladen, Maria „in uns aufzunehmen", damit wir dieses Geheimnis des Lebens und der Liebe verstehen lernen.

24. Wein und die eschatologischen Realitäten

Die Sunna berichtet, dass Muḥammad alle alkoholischen Getränke verboten hat; der Korantext seinerseits spricht nur vom Produkt des Weinstocks: „Sie fragen dich nach Wein und *Maisir*. Sprich: ‚In beiden gibt es eine große Sünde und einen gewissen Nutzen für die Menschen; aber in beiden ist die Sünde größer als der Nutzen'" (Surah *al-Baqara*/2:219). Wie heute bekannt und bewiesen ist, ist *Maisir* ein biblisches Wort[34] für andere Traubenprodukte als Wein (und bezeichnet nicht das Glücksspiel): Alles, was aus Trauben besteht, ist laut Koran *ḥarām*, weil es weniger nützlich als  schädlich ist. Man sollte aber beachten, dass weder Whisky noch Bier erwähnt werden; viele interpretieren diese Ungenauigkeit als Erlaubnis: Es wäre verboten, in der Öffentlichkeit zu trinken, nicht aber zu Hause. Warum sollte Wein schädlich sein? Man muss auch den Vers lesen, der sagt, dass im Himmel der Wein frei fließen wird (Sure *Muḥammad*/47:15) – und auch dort werden andere alkoholische Getränke nicht erwähnt. Sollte der Wein nur auf der Erde schlecht sein und im Himmel gut?

In der Bibel sind Wein und *Maisir* denjenigen verboten, die sich Gott weihen, den Nasiräern (Numeri 6:1-3). Die Sure *al-Baqara*/2 wendet sich genau an solche „Gottgeweihte" (an „diejenigen, die ausgewandert sind" - K2:218), indem sie sie auffordert, sich das Weins und Maysirs zu enthalten, aber wozu?

In der Bibel bezieht sich der Überfluss an Wein auf die Endzeit (Amos 9:13-14; Joel 4:18; Jesaja 25:6). Jesus sagte bei seinem letzten Abendmahl: „Ich sage euch: von jetzt an werde ich nicht mehr von dieser Frucht des Weinstocks trinken bis zu dem Tag, an dem ich mit euch von neuem davon trinken werde im Reich meines Vaters" (Matthäus 26:29). Von welchem Königreich ist die Rede? Es ist bekannt, dass Gruppen ehemaliger Judenchristen den Wein aufgrund dieser Worte Jesu verboten haben – also lange vor dem Islam.[35] Der große Einwand gegen die Erlösung durch Jesus lautet, das Böse ist immer noch da, es ist nicht von der Erde verschwunden. Wann also kommt das Reich Gottes? Diese Gruppen ehemaliger Judenchristen hatten nicht verstanden, dass Satans (*Šaiṭān*) Einfluss auf diese Welt in erster Linie geistiger Natur ist; man bekämpft einen gefallenen Engel nicht mit Waffen und Soldaten, sondern mit Gerechtigkeit und Opfern. Als Jesus sagte, dass er keinen Wein mehr trinken würde, tat er das nicht, um es zu verbieten, sondern um anzudeuten, dass er durch den Tod gehen würde, um „den zu entmachten, der die Gewalt über den Tod hat, nämlich den Teufel [*Iblīs*], und um die zu befreien, die durch die Furcht vor dem Tod ihr Leben lang der Knechtschaft verfallen waren" (Hebr 2:14-15). Wenn man nicht mit Jesus verbunden ist (wie die Reben am Weinstock), wie kann man dann der Macht desjenigen entkommen, der den Tod sät, auch wenn man glaubt, gegen ihn zu kämpfen? Außerdem: Dient man wirklich Gott, wenn man den anderen hasst und Tod sät (Sure *al-Māʾida*/5:33)?

Die Gute Nachricht ist, dass der ‚eucharistische' Wein (die heiligen Geheimnisse, auf Aramäisch „Begegnung-*Qurbānā*") uns am Sieg über *Šaiṭān* teilhaben lässt und jedem Gläubigen „Leben in seiner Person" (Johannes 6:53) bringt; aber um dies entdecken zu können, muss man zuerst durch die Reinigung gehen, die das Wasser der Taufe bringt. Dies ist viel mehr als das Lesen eines heiligen Buches, es ist eine Vereinigung von Herz zu Herz, ein gemeinsames Leben mit dem Wort Gottes. Aber jeder von uns sehnt sich auch danach, dass er das Leben nicht nur in seiner eigenen kleinen Person hat, sondern dass es der ganzen Welt geschenkt wird: Wann kommt das Reich Gottes? Al-Masīḥ wird dieses Leben bei seiner glorreichen Wiederkunft in die ganze Welt bringen.

25. Der messianistische Geist : Ist die Welt zum Versklaven da?

Die Apostel wandten sich zuerst an die Millionen hebräisch-aramäischer Menschen, die in Palästina und vor allem im Ausland lebten, hauptsächlich auf den Handelswegen zwischen Ost und West. Viele folgten den Aposteln, trotz Verfolgungen. Das Christentum spricht zu den Menschen über den Sinn der Geschichte, über Hoffnung und Motivation. Im Hebräerbrief heißt es: „So wird Christus, nachdem er sich einmal geopfert hat, um die Sünden vieler wegzunehmen, ein zweites Mal erscheinen, nicht mehr um der Sünde willen, sondern zur Rettung [für die Verlebendigung] derer, die ihn erwarten" (Hebr 9:28).

Aber einige wiesen das Evangelium zurück, das ihnen verkündet worden war, vor allem im Umfeld von König Herodes Agrippa,[36] der sich schließlich selbst zum Messias erhob.[37] Dann breitete sich dieser messianistische Geist aus bis hin zu einem Aufstand gegen das römische Protektorat im Jahr 66, der als „erster jüdischer Krieg" bezeichnet wurde. Nach 70 n. Chr. nahm schließlich die erste messianistische Doktrin Gestalt an, d. h. das erste Projekt einer Versklavung der Welt im Namen Gottes, wobei die Menschen dann in ‚gut' und ‚böse' einteilt werden, und die Erlösung der Welt als Unterwerfung oder physische Ausrottung der „Bösen" verstanden wird.[38]

Diese Vorstellung, dass die Welt versklavet werden muss, wird von dem muslimischen Historiker Ibn Khaldun aufgegriffen, der ʿUmar (anlässlich des Wiederaufbaus der Stadt Kūfa) sagen lässt: „Mach…(aber) halte dich treu an die Praktiken des Propheten, und du wirst die Herrschaft über die Welt für immer behalten."[39] Viele, die den Koran lesen erkennen darin ein solches Programm der Weltherrschaft, wenn sie: „Wir haben im Psalter nach der Ermahnung geschrieben: ‚Ja, sie werden die Erde erben, Meine rechtschaffenen Diener'" (Sure *al-Anbiyāʾ*/21:105). In Wirklichkeit aber bedeutet „das Land" im Psalter das „verheißene Land", Israel. Ist es wirklich Gott, der die Welt in ein *Dār al-harb* und *Dār al-islām* aufteilt, in eine zu erobernde Welt und eine für den Islam eroberte Welt?

Der messianistische Geist und die Sichtweise, dass die Welt zu versklaven sei, sind eine Verfälschung der christlichen Hoffnung, in der es für die Vorstellung einer Versklavung keinen Platz gibt. Eine Verurteilung und

Ausrottung der ‚Bösen' wird erst nach der glorreichen Ankunft von al-Masīḥ geben.

ʿĪsā al-Masīḥ wird wiederkommen, um die zu beleben, die auf ihn warten (Hebr 9:28). Und weil diese Verlebendigung ein Prozess ist, beinhaltet die Geschichte des Endes das, was der heilige Irenäus ein Reich der Gerechten auf Erden nennt, „das Vorspiel zur Unvergänglichkeit, ein Reich, in dem die, welche für würdig befunden wurden, sich allmählich daran gewöhnen, mit Gott in Berührung zu kommen."[40]

Dieses Reich der Gerechten auf Erden wird nach der glorreichen Ankunft von al-Masīḥ kommen.

26. Laizismus / Islamismus: Sind das nicht beides Alpträume?

Die Idee einer idealen Welt entstammt der christlichen Vorstellung von der Rettung der Welt. Al-Masīḥ hat, wie bereits erklärt wurde, die Erlösung der Welt durch seinen Sieg über Šaiṭān zur Zeit seiner Passion herbeigeführt. Leider wurde diese Erlösung von einem Teil der Menschheit abgelehnt, so dass die Welt, um als Ganzes gerettet zu werden, nun auf die Manifestation des Antichristen, ad-Daǧǧāl, und dann auf die glorreiche Wiederkunft Christi warten muss, der die Welt vom Antichristen und seinen Schergen[41] reinigen wird.

Die ideale Welt wird daher erst durch das eschatologische Gericht verwirklicht werden, das al-Masīḥ halten wird. In der Zwischenzeit hängt das Ärgernis des Antichristen (des falschen Messias) von den Hindernissen ab, auf die er stößt. Es ist wichtig, dass die Gerechten ihm widerstehen, während sie sich auf das Reich vorbereiten, das durch die glorreiche Offenbarung Christi entstehen wird. An dieser Stelle sei darauf hingewiesen,

dass der Irrweg des Augustinismus die Christen jahrhundertelang daran gehindert hat, die wahre Hoffnung für die Welt zu verkünden und damit auch den Dialog mit den Muslimen über das Thema der eschatologischen Hoffnung – für die Welt verhindert hat.

Diejenigen, die die Erlösung durch al-Masīḥ ablehnten, hielten an der Idee einer Erlösung der Welt oder einer idealen Welt fest, aber sie übernahmen selbst die Aufgabe, das Urteil über die Welt zu vollstrecken. Die verübten Massaker sind ein Akt des Gerichts, aus dem eine ideale Welt hervorgehen soll, befreit oder unterjocht, aber rein und vollkommen. (Es sei denn, man hofft in einem satanistischen Nihilismus auf gar nichts mehr).

Dieselbe Idee findet sich im Laizismus der Französischen Revolution wieder, wo die Revolutionäre die Widerstrebenden in der illusorischen Hoffnung auf eine befreite Welt massakrierten, oder auch im sowjetischen Ideal einer Welteroberung durch die sozialistische Internationale. Das islamistische Denken zielt darauf ab, diejenigen zu massakrieren, die

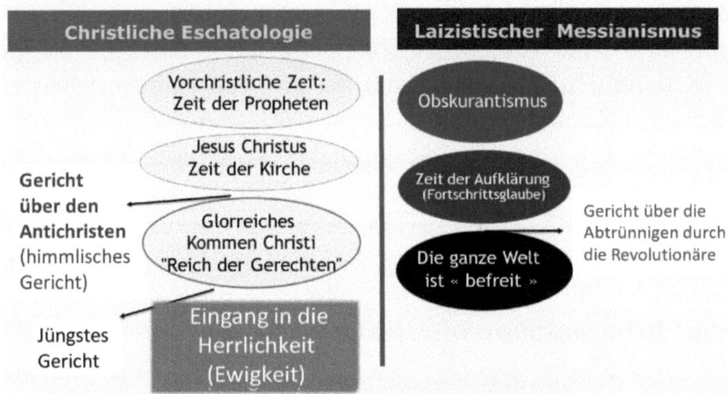

sich einer angeblich idealen Welt nicht unterwerfen; es folgt damit der gleichen Logik wie der messianistische Laizismus (was erklären würde, warum säkulare globalistische Strömungen manchmal die ersten sind, die diese islamistischen Strömungen finanzieren!).

Der Gedanke der Unterwerfung der Welt kommt in vielen Hadithen der muslimischen Überlieferung zum Ausdruck, aber da es sich um einen bewaffneten Kampf handelt, ist es verständlich, dass diese Berichte eher privat und inoffiziell weitergegeben werden: Die muslimischen Regierungen, die sich der subversiven Ladung dieser Traditionen bewusst sind, wollen keineswegs, dass diese öffentlich verbreitet werden. Vor dem Hintergrund eines solchen Glaubens kann nämlich die einfachste Predigt oder Medienkampagne, in der die „zu bekämpfenden Mächte des Bösen" definiert werden, dazu führen, dass die Gläubigen unverhältnismäßig heftige Kämpfe beginnen. Und alle Arten von Manipulationen sind möglich.

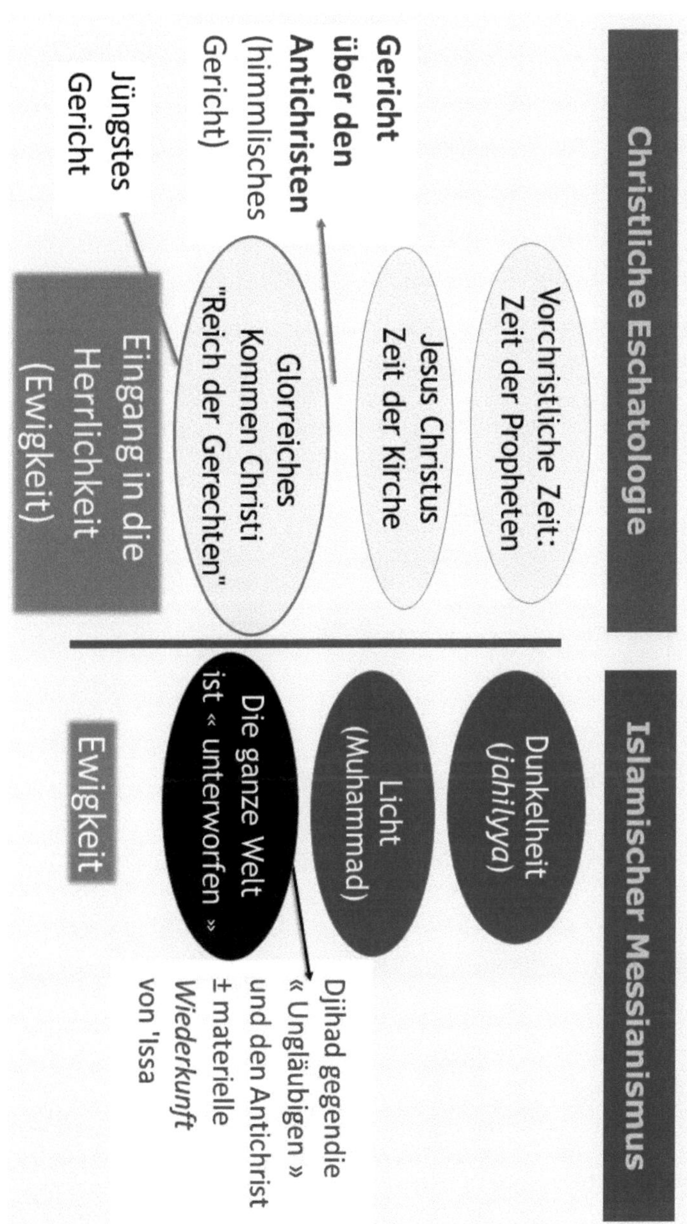
Christliche Eschatologie
Gericht über den Antichristen (himmlisches Gericht)
Jüngstes Gericht
Glorreiches Kommen Christi "Reich der Gerechten"
Eingang in die Herrlichkeit (Ewigkeit)
Jesus Christus Zeit der Kirche
Vorchristliche Zeit: Zeit der Propheten
Islamischer Messianismus
Dunkelheit (jahilyya)
Licht (Muhammad)
Die ganze Welt ist « unterworfen »
Ewigkeit
Djihad gegen die « Ungläubigen » und den Antichrist ± materielle Wiederkunft von 'Issa

27. Eschatologie, eine Grundlage für Manipulation?

In der muslimischen eschatologischen Literatur gehört die große Mehrzahl der Texte zu den Hadithen. Einer von ihnen erklärt, dass Muḥammad den falschen Messias an die Spitze der zu bekämpfenden Mächte des Bösen stellt: „Von Adam bis zur Auferstehung der Toten gibt es kein größeres Problem als das des Scharlatans (des Hochstaplers, des Antichrist).“[42]

Heute breitet sich unter den muslimischen Völkern ein eschatologisches Fieber aus.

Für die Schiiten wird der befreiende Führer am Ende der Zeit der zwölfte Imâm sein, auch al-Mahdī genannt, der im Jahr 940 verschwand, aber den Gläubigen auf geheimnisvolle Weise gegenwärtig ist. Mit dem „Großen Satan“ (*Sheytân-e Bozorg*) Amerika wird eindeutig ein Feind bezeichnet, der mit dem Antichristen gleichgesetzt wird. Für manche soll Khomeini selbst der erwartete Mahdi gewesen sein. Präsident Ahmedinejad ist noch näher an unserer Gegenwart, und er deutet an, dass die Ankunft des Mahdi sehr nahe ist.

Unter islamistischen Kämpfern im sunnitischen Milieu ist das eschatologische Fieber wahrscheinlich noch intensiver. Der Palästinenser Safar b. ʿAbd ar-Raḥmān deutet in seinem Büchlein *Der Tag des Zorns* (*Yaum al-ġaḍab*) die jüngsten Ereignisse (die zweite Intifada) nach dem Muster der koranischen Eschatologie neu. Die schwarze Flagge des Islamischen Staates verweist auf eschatologische Lehren: Der Prophet sagte: „Wenn ihr schwarze Standarten aus Khorasan kommen seht, dann geht ihnen entgegen: unter ihnen wird der Kalif von Allāh sein: al-Mahdī.“[43]

Man sagt, die sunnitische Tradition unterscheidet zwischen großen und kleinen Zeichen:

- Große Zeichen: „Rauch, der Antichrist, das Tier, der Sonnenaufgang im Westen, die Rückkehr von ’Isâ b. Maryam, der Ansturm von Gog und Magog, drei Erdbeben, ein Feuer aus dem Jemen, das die Menschen zwingen wird, sich an einem Ort zu versammeln“.
- Kleinen Zeichen: das erste ist das Verschwinden von Muḥammad b. ʿAbdallāh, dem Propheten, und das letzte das Kommen seines Nachfolgers, Muḥammad b. ʿAbdallāh, des Mahdī. Die anderen kleinen Zeichen sind das amoralische Verhalten des Menschen: Korruption,

Ehebruch, Pornographie, Gewalt, technische Leistungen, Ausbreitung von Konflikten.[44] Interessanterweise verwechselt der Islam die Rückkehr von ʿĪsā al-Masīḥ nicht mit dem Ende der Zeit und vermischt ʿĪsā al-Masīḥ, Antichrist und Mahdī nicht: diese sind alle nur Vorboten. Aber wofür genau sind sie die Vorboten? Für ein Kalifat, das nur 7 bis 9 Jahre dauert?

Dem Christentum zufolge können wir dem Antichristen (dem falschen Messias) widerstehen. Wir können das Reich Gottes vorbereiten. Aber die Vorstellung, man könnte das Weltgericht selbt ausführen, ist das Ergebnis von Manipulationen. Wissen wir eigentlich genug darüber, dass die Muslimbruderschaft vor fast einem Jahrhundert vom britischen Geheimdienst MI5 aufgebaut wurde und dass die Taliban in Afghanistan von der CIA, dem US-Geheimdienst, gegründet wurden? Und wir könnten auch auf die jüngste Finanzierung des Islamischen Staates verweisen...

Dem Evangelium zufolge ist die Wiederkunft Jesu (ʿĪsā) kein regionales Ereignis, das einen nur kurzzeitigen politischen Wandel herbeiführt. Es ist ein universelles Ereignis, das die Frage des Bösen in der Welt durch das Gericht über den Antichrist (ad-Daǧǧāl) beantwortet. Es ist ein Ereignis von unermesslicher Bedeutung, denn es wird die Verwirklichung des Zieles herbeiführen, für das die Welt geschaffen wurde, und es wird dem Menschen den Rang und den Adel zurückgeben wird, den der Schöpfer für ihn vorgesehen hat.

28. Was kann man vom Antichristen (*ad-Daǧǧāl*) sagen?

Woher wird er kommen, wer wird es sein? In der Vergangenheit hat man sich vieles vorstellen können, die Auswirkungen einer Globalisierung ohne Gott dagegen zeigen es uns sehr deutlich.

Satan (*Šaiṭān*) träumt davon, auf dem Platz Gottes und seines Messias Jesus (*ʿĪsā al-Masīḥ*) die Welt zu vereinen. Diese Einigung hat nichts damit zu tun, dass man in einer Gemeinschaft von Nationen und menschlichen Gruppen zusammenarbeitet für ihr gemeinsames Wohl. Es ist ein Projekt, das noch andauert und das alle Macht der Welt in die Hände einer Handvoll Menschen legen will, die sich selbst als Götter und den Rest der Menschheit als Sklaven betrachten.

Im März 2020 verordneten die meisten Staatsoberhäupter der Welt einen Lockdown für ihre Bevölkerungen angesichts eines pandemischen Virus (Covid-19), das Millionen von Menschen töten würde, wie die Medien, die sich im Besitz einiger weniger globaler Konzerne befinden, berichten. Einige weniger korrupte Staatsoberhäupter haben das Elend, das diese Maßnahme begleitete, nicht angeordnet, sie stellten ihrer Bevölkerung Produkte zur Verfügung, die leicht zu Heilerfolgen führten, und es gab fast keine Todesfälle. Inmitten all der Medienlügen taucht der Plan auf, man könne die geschwächten Unternehmen aufkaufen und vor allem die Weltbevölkerung mit einem Impfstoff zu ‚chippen‘, der obligatorisch werden sollte. Das Ziel besteht darin, jeden Menschen von der Geburt bis zum Tod zu kontrollieren. Die Initiatoren dieses Projekts verheimlichen das nicht einmal.[45] Was sie noch verbergt, ist ihr Satanismus.

All dies ist nicht plötzlich gekommen. Jesus warnte: „Ihr könnt nicht Gott dienen und dem Mammon" (Matthäus 6:24), wobei Mammon eine Art Gott des Geldes ist. Anonymes Geld. Das war die Falle, denn mit dem Geld anonymer Unternehmen können alle Mächte dieser Welt im Geheimen manipuliert werden, indem man sie eine nach der anderen kauft. Diese Phase des teuflischen Projekts der Weltvereinigung ist bereits weitgehend abgeschlossen, einschließlich der Auferlegung einer globalen kulturellen Konformität. Was noch zu tun bleibt, ist der politische Teil: die Einrichtung einer Weltregierung, einer Weltwährung und einer Weltpolizei. Dann, wenn es keine Konkurrenten mehr gibt, wird derjenige, der an der Spitze dieser Welt der Sklaverei und Unterdrückung steht, „sich zeigen", ad-Daǧǧāl, und natürlich wird er sich anbeten lassen. Und er wird dafür sorgen, dass auch sein Herrn, Satan (*Šaiṭān, Iblīs*), angebetet wird.

Und alle Erwachsenen auf der Welt werden Stellung beziehen müssen. Diejenigen, die davon träumen, andere zu beherrschen (was ein gemeinsames Merkmal aller ‚messianistischen' Strömungen ist), oder die voller Hass und Verachtung sind, werden sich beeilen, den Antichristen ad-Daǧǧāl anzubeten, selbst wenn seine Weltregierung Katastrophen und Genozide, Gottlosigkeit und moralische Verderbnis verursacht. Diejenigen, die dem wahren und einzigen Messias, Jesus, gehören, und all diejenigen, die gegen ad-Daǧǧāls Untaten gearbeitet und seinen Schaden begrenzt haben, werden sich gegen ihn stellen. Dann wird alles bereit sein für das Gericht. Denn nun kann man verstehen, warum Gott die „Manifestation des Antichristen" zulassen wird. Denn wenn die Menschen sich erst einmal positioniert haben, wird folgendes geschehen: „Denn wie der Blitz von einem Ende des Himmels bis zum andern leuchtet, so wird der Menschensohn an seinem Tag erscheinen" (Lukas 17:24). Die pure Tatsache, dass Christus sich in seiner Herrlichkeit nicht nur an einem Ort, sondern überall auf der Erde gleichzeitig offenbart, wird *dqs* Gericht sein. Der Antichrist und seine Anhänger werden es nicht ertragen, Christus zu sehen, sie werden verschwinden (2 Thess 2:8-12).

29. Jüdischer Tempel, ʿUmar-Moschee, dritter Tempel

Nach ihrer Rückkehr aus dem babylonischen Exil bauten die Juden nach dem Willen des Herrn den Tempel Salomons wieder auf. Er wurde im Jahr 515 v. Chr. eingeweiht.

Nun kündigte Jesus (ʿĪsā) im Voraus das Ende des Tempels an: „Kein Stein wird hier auf dem anderen bleiben, der nicht niedergerissen wird" (Matthäus 24:2). Jesus zerstört nichts, aber wie Jeremia es vor ihm gesehen hatte (Jeremia 7:11-14), so weiß auch Jesus, dass es die Sündhaftigkeit ist, die Gottes Gegenwart aus dem Tempel vertreibt und deshalb den Tempel ‚zerstört', was 40 Jahre nach Jesu Worten geschehen wird.

Jesus (ʿĪsā) hat die Bedeutung des Tempels bereits hinfälllig gemacht, denn der Tempel ist der Ort, an dem Gott spricht, aber ʿĪsā ist selbst „das Wort von Gott" (Sure Āl ʿImrān/3:45)! Zu den Judäern, die sich darüber stritten, was verboten ist, sagte er: „Ich sage euch, hier ist mehr als der Tempel" (Matthäus 12:6). Der Tempel war auch der Ort, an dem geopfert wurde, insbesondere am Versöhnungstag (Jom Kippur). Wir haben gesehen, welche Bedeutung vergossenes Blut hat, und am Ende wird es Jesu eigenes Blut sein. Das Matthäus-Evangelium berichtet, dass beim Tod Jesu am Kreuz der Vorhang des Tempels zerreißt (27:51); die vorläufige und geheimnisvolle Gegenwart Gottes, die *Sakīna*, von der der Koran spricht, verlässt den Tempel.

Und tatsächlich wurde der Tempel im Jahr 70 zerstört, als Ergebnis des sogenannten „ersten jüdischen Krieges", einer irrationalen Rebellion gegen die Römer. Der zweite jüdische Krieg wurde von Bar Kokhba angeführt, der sich als Messias präsentierte, der versprach, den Tempel wiederherzustellen. Er ging sogar so weit, die Hierarchie der Jerusalemer Kirche zu kreuzigen, aber die Römer vertrieben die Juden aus Jerusalem, das 135 n. Chr. dem Erdboden gleichgemacht wurde. Später wollten die Juden den Tempel mit Unterstützung des Kaisers Julian des Apostaten wieder aufbauen, aber im Jahr 363 zerstörte ein Erdbeben die Arbeiten, und am nächsten Tag fiel ein Feuer vom Himmel und verbrannte die Trümmer. Der Kaiser starb einen Monat später bei seinem Krieg in Persien.

Die Esplanade blieb bis zur Ankunft von ʿUmar im Jahr 638 ein Ruinenfeld. Bereits Ende 637 hatte Bischof Sophronius von Jerusalem die Verteidiger der Stadt davon überzeugt, dass man sie besser für die Araber öffnen sollte, die, wie er bereits 634 schrieb, sich „rühmten, sie würden die ganze Welt beherrschen."[46] Diese Arber wurden von nazarenischen Juden oder ‚Judäonazarenern' begleitet, die sofort mit einem Bau begannen …aber nicht mit dem Bauwerk, das später „ʿUmar- Moschee" genannt wurde, sondern mit einem kubischen Gebäude, das die Ausmaße des Tempels hatte. Als ʿUmar dort ankam, brachte er vor diesem Tempel ein Opfer dar…! Muḥammad war tot, und man wartete noch immer auf die Herabkunft ʿĪsās (Jesus) vom Himmel, die er laut verkündet hatte. Aber ʿĪsā kam nicht herunter, und der Tempelwürfel wurde umgebaut (661 gab es übrigens ein großes Erdbeben); schließlich baute der Kalif ʿAbd al-Malik an dieser Stelle oder einige Meter davon entfernt das Achteck, das wir heute sehen und das fälschlicherweise ʿUmar- Moschee (oder auch Felsendom) genannt wird.

Heute wollen manche globalistischen Strömungen, die sich auf Jerusalem als Hauptstadt der Welt konzentrieren, den Felsendom zerstören. Sie wollen den „Dritten Tempel" bauen, ein Projekt, das einige Führer in der arabischen Welt, insbesondere die Wahabiten, zu unterstützen scheinen. Die Christen billigen das nicht. Für sie besteht der neue Tempel nicht mehr aus Stein oder Holz: Jesus hatte gesagt: „Reißt diesen Tempel ein, und in drei Tagen werde ich ihn wieder aufrichten! Aber Jesus sagte dies über den Tempel seines Leibes" (Johannes 2:19-22). Und Christen wissen, dass ein solcher „dritter Tempel" in Jerusalem nur der des Antichristen, des falschen Messias, sein kann.

30. Um welche Gemeinschaft auf Erden geht es?

Die Sure Sure *Āl ʿImrān*/3 lehrt: „Ihr seid die beste Gemeinschaft, die für die Menschen hervorgebracht worden ist" (K3:110).

Jeder von uns wünscht sich, geschätzt, geliebt, auserwählt und bevorzugt zu werden. Es ist eine entscheidende Frage: Werde ich vom Schöpfer geliebt? Liebe geht von einem Menschen zum anderen, und in diesem Sinne ist jede Liebe eine Liebe, die ‚vorzieht'. Eine Mutter liebt alle ihre Kinder und bevorzugt jedes einzelne in dem Sinne, dass sie den Charakter und den Reichtum der Persönlichkeit eines jeden sieht. Wieviel mehr ist die göttliche Liebe in der Lage, wirklich zu lieben (eine Liebe der Wahl, der Erwählung, eine ‚Vorliebe'), aber ohne einander auszuschließen (vgl. Brief des Paulus an die Epheser 1:3-6). Es gibt darin also keinen Raum für Rassismus (Gott liebt meine Rasse mehr als andere), noch für Suprematismus (Gott liebt meine Gemeinschaft mehr als andere), denn Rassismus und Suprematismus machen die göttliche Liebe kleiner als sie ist, sie sperren Gott in eine Dimension ein, die zu klein ist!

Das menschliche Herz strebt nicht nur nach individuellem Heil, sondern auch nach gemeinschaftlichem Heil, nach einer sozialen, ja globalen Verwirklichung des Heils, die man als „Reich Gottes auf Erden" bezeichnen kann, eine ideale Verwirklichung des Gemeinschaftslebens! Was muss man darüber wissen?

Jesus, *ʿĪsā al-Masīḥ*, ist König, aber er ist nicht König „mit den Mitteln dieser Welt" (Johannes 18:36). Insbesondere ist er „nicht gekommen, um sich bedienen zu lassen, sondern um zu dienen" (Matthäus 20:28). Die geistliche Reife besteht darin, sich selbst zu beherrschen, um aus dem Gebrauch der Macht einen echten Dienst zu machen.

Man muss auch verstehen, dass „die Herrschaft Gottes auf Erden" nicht möglich ist, bevor nicht die Feinde Gottes gerichtet sind, und dieses Gericht kann nur durch das Wort Gottes, durch al-Masīḥ, verwirklicht werden.

Im Gleichnis vom Unkraut warnt Jesus (*ʿĪsā al-Masīḥ*) seine Jünger, dass sie das Gericht nicht selbst vollziehen dürfen, weil es von den Engeln vollzogen wird (Matthäus 13:40-43). Der Anführer der Engel ist der heilige Michael (derselbe, der Johanna von Orléans im Alter von 13 Jahren für ihre Mission ausbildete), sein Name bedeutet: „Wer ist wie Gott? (hebr. *mī kā'ēl?*)" und er führt uns zur Anbetung. Man kann die göttliche Liebe unmöglich auf einen rassistischen oder suprematistischen Glauben reduzieren. Gott ist unermesslich groß, und er führt uns dahin, den Blick zu weiten.

Die christliche Vision ist subtil, weil sie das große Geheimnis des Wortes in sich trägt, das von Gott ausgeht und das Marias Kind geworden ist. Dieses große Geheimnis führt zu einer Vereinigung von geistlichen und weltlichen Mächten „ohne Verwirrung und Trennung." Viele Muslime beklagen die Trennung von Kirche und Staat in Frankreich im Jahre 1905 sei eine Brutalität gewesen, denn ein Jahrhundert später hat dies zu Bioethikgesetzen geführt, die sogar den Ort entweiht haben, an dem das Vater-Sein Gottes handelt, um im Moment der Empfängnis das Geschenk einer menschlichen Seele zu machen.

Außerdem können wir, wie schon mehrfach gesagt wurde, die Herrschaft Gottes nicht erzwingen, wir können nur den Schaden, den der Antichristen, der einäugige Lügner, anrichten wird, begrenzen und die Herrschaft Gottes vorbereiten. Der heilige Petrus sagt uns klar und deutlich: Wir können das glorreiche Kommen Christi durch heiliges Verhalten und durch Gebete beschleunigen (2 Petr 3:11-12). Denn was würde es 'Īsā (Jesus) nützen, den Antichrist, ad-Daǧǧāl, zu vernichten, wenn es niemanden auf der Erde gäbe, der den göttlichen Willen will?

Dann, nach dem Kommen Christi, wird die Gemeinschaft auf der Erde nicht mehr in einer pyramidalen Struktur organisiert sein, wo einige wenige die anderen durch Finanzen, Armeen und Medien beherrschen. Es wird eine Gemeinschaft sein, in der jeder dem Gemeinwohl dient, weil durch sie den Geist Gottes inspiriert und belebt wurde.

Pyramide der Banken
Hochfinanz
nicht gewählte Technokraten
subventionierte Medien
Bevölkerung
Pyramidaler islamistischer Plan
Kalifen
Krieger
unterdrückte Frauen
die anderen und die Ungläubige
Das Reich von Al-Massiah :
eine Gemeinschaft, in der jeder,
inspiriert und belebt
vom Geist Gottes,
dem Gemeinwohl dienen wird

31. Der Antichrist – der *Daǧǧāl*

Nach der islamischen Tradition wird gegen Ende der Zeit ein Mann kommen, der die Welt täuschen wird, genannt ad-Daǧǧāl, der Hochstapler oder Scharlatan-Messias. Muḥammad sprach ausführlich über den Antichristen (*al-Masīḥ ad-Daǧǧāl*), dessen Identität bis zum Zeitpunkt seines Erscheinens im Dunkeln bleiben wird (Nr. 204[47]). Er nannte ihn einen „einäugigen Lügne" (Nr. 1815) und warnte vor seiner Macht, in die Irre zu führen: „Ich fürchte für euch nur den Scharlatan …Er wird sich vor den Menschen zeigen und sie einladen; sie werden an ihn glauben und ihm antworten" (Nr. 1806). Seine Zivilisation wird in dem Sinne einäugig sein, als sie behaupten wird, sie könne unabhängig von den göttlichen Geboten aufgebaut werden. Verschiedene Kommentatoren bringen sie mit sexueller Verderbtheit, mit der freimaurerischen neuen Weltordnung und der Verkehrung der Werte in Verbindung.

Der *sunnitischen Tradition* zufolge wird der Antichrist im Osten erscheinen und aus Khorason stammen. Er wird durch die Stadt Isfahan ziehen, wo 70.000 bewaffnete Juden sich ihm anschließen werden. Dann wird er nach Medina und Mekka gehen, um dort einzumarschieren. Die Engel werden ihn ablenken und ihn zwingen, die Richtung von *aš-Šām* einzuschlagen.[48] Auf diesen falschen Messias wird von ʿĪsā (Jesus) (der materiell zurückkehren wird) in der Nähe des Tores von Lod (im Heiligen Land) treffen, während ʿĪsā (Jesus) Kämpfer aufstellen wird, die er unbesiegbar gemacht hat (Nr. 1806).

Warum können wir sagen, es ist logisch und rational, dass der Dajjâl oder Antichrist kommen muss?

Bislang ist es nicht möglich, ein „Lager der Guten" und ein „Lager der Bösen" zu definieren, denn ein Gerechter kann zum Sünder werden und umgekehrt, wie es übrigens schon der Prophet Hesekiel sagt (Hes 18). Damit das Gericht auf der Erde stattfinden kann, müssen bestimmte Umstände herrschen, unter denen die Menschen einen solchen Grad an Gutem oder Bösem erreicht haben, dass sie die Seite nicht mehr wechseln. Also geht man davon ausgegangen, dass dann sich der Antichrist manifestieren wird.

Und wie können all die Menschen, die das wahre Evangelium nie kennengelernt haben, gerichtet werden?

Das Gericht, das bei der glorreichen Offenbarung Christi stattfinden wird, wird nicht nur die Frage „für oder gegen Jesus (*ʿĪsā*)" beinhalten, sondern auch für oder gegen den Antichrist, der sich *zeitlich* vor diesem Gericht manifestiert haben wird. Deshalb wird der *Antichrist* (*gegen* Christus) auch *Antechrist* genannt (der *vor der* Wiederkunft Christi kommen wird).

Denken Muslime über die Tatsache nach, dass ihre Vorstellungen vom Kommen eines Antechrist oder Antichrist per definitionem christliche Vorstellungen sind? Paulus bezeichnet den Antichrist als einen gottlosen Menschen: „Dann wird der Gesetzwidrige geoffenbart werden, und der Herr wird ihn mit dem Hauch seines Mundes verderben und mit der Erscheinung seines Kommens vernichten. Das Kommen dieses Gesetzwidrigen wird von der Kraft Satans getragen werden mit allerlei mächtigen Werken, trügerischen Zeichen und Wundern. Er wird jene, die verloren gehen, mit allen Mitteln des Bösen täuschen; denn sie haben die Liebe zur Wahrheit nicht angenommen, durch die sie gerettet werden sollten." (2Thess 2:8-12). Danach wird Gott eine gewisse Zeit lang auf der Erde herrschen, um die Menschen dort auf das ewige Leben im Himmel vorzubereiten, erklärt der heilige Irenäus von Lyon, der dies vom heiligen Polykarp übernimmt, der dies vom heiligen Johannes, dem Apostel Jesu, übernimmt.

32. Wo, wann und wie wird der Antichrist beseitigt?

In unzähligen Hadithen oder Kommentaren wird das Ende des Antichrist, des falschen Messias, immer im Zusammenhang mit der Herabkunft von ʿĪsā (Jesus) auf die Erde dargestellt. In einem der vielen Hadithen von Muslim kann man lesen: „Wenn sie ihr Ziel [Damaskus] erreichen, wird ihnen [der Antichrist] wirklich erscheinen. Während sich die Muslime auf den Kampf gegen ihn vorbereiten, wird der Ruf zum Gebet ertönen. Währenddessen wird ʿĪsā kommen, herabsteigen und dann das Gebet leiten. Wenn der Feind Allahs ihn sieht, wird er sich auflösen, wie sich Salz im Wasser auflöst. Hätte es nicht Allahs Befehl gegeben, hätte er sich aufgelöst bis zum Tod, doch Allah wird ihn durch ʿĪsās Hand vernichten, und er wird ihnen sein Blut auf seinem Speer zeigen."[49]

ʿĪsā sollte in Damaskus herabkommen auf eines der Minarette der Umayyaden-Moschee. Manchmal ist es aber auch die Esplanade der Moscheen in Jerusalem, wo ʿĪsā herabsteigen soll – nach einigen Hadithen von al-Buḫārī, welche, wie es scheint, die früheste Version wiedergeben –, oder aber man sagt, ʿĪsā wird von Damaskus nach Jerusalem gehen.

Denn dort, im Kidrontal neben der Esplanade, soll er den Daǧǧāl töten, nachdem er die Führung über die Armeen übernommen hat. Nach einem Hadith, der von al-Ḥākim überliefert wurde, glauben einige Kommentatoren jedoch, dass er auf einen Berg namens Afīq in Jordanien herabsteigen wird. Es gibt noch andere Versionen. Manchmal wird berichtet, dass Issa 40 Jahre nach seinem Abstieg stirbt – im Himmel war er eindeutig besser aufgehoben. Aber in all diesen Geschichten gibt es zumindest eine Konstante: „ʿĪsā (Jesus) wird wiederkommen, um den Antichrist und seine Schergen zu richten und zu vernichten. Diese Aussage ist für das Neue Testament von zentraler Bedeutung. Aber wie wird er das tun, denn er muss das Gute vom Schlechten trennen, ohne dass er „den Weizen zusammen mit dem Unkraut ausreißt" (Matthäus 13:40-43)? Und das überall auf der Welt zur gleichen Zeit!

Das Neue Testament kündigt keine Rückkehr Jesu (ʿĪsā) irgendwo auf der Erde an, nicht einmal auf den Ölberg in Jerusalem, von wo er am Ende der 40 Tage nach seiner Auferstehung in den Himmel aufstieg. Es kündigt sein Erscheinen „auf den Wolken" an, das überall und für alle gleichzeitig sichtbar sein und das Gericht herbeiführen wird.

Auf der einen Seite wird es diejenigen geben, die sich freuen, ihn zu sehen, und mit ihnen auch diejenigen, die sich, ohne ihn zu kennen, seinem Feind, dem Antichristen, widersetzt haben, und auf der anderen Seite werden diejenigen sein, die ihre Seele an den Antichristen verkauft haben. Es steht geschrieben: „Jesus, der Herr, wird ihn (den Gesetzwidrigen) mit dem Hauch seines Mundes beseitigen und ihn durch den Glanz seiner Ankunft vernichten. Das Kommen dieses Gesetzwidrigen wird durch das Wirken Satans getragen mit allerlei mächtigen Werken, trügerischen Zeichen und Wundern. Er wird jene, die verlorengehen, mit allen Mitteln des Bösen täuschen; denn sie haben die Liebe zur Wahrheit nicht angenommen, durch die sie gerettet werden sollten. Dadurch sendet Gott ihnen eine Kraft des Irrtums, sodass sie der Lüge glauben, damit alle, die der Wahrheit nicht geglaubt, sondern an der Ungerechtigkeit Gefallen hatten, gerichtet werden" (2 Thess 2:8-12).

Bis zu einem gewissen Punkt können sich die Menschen ändern, aber der Antichrist wird jeden dazu zwingen, sich radikal für das Gute oder das Böse zu entscheiden. Angesichts der Wahrheit werden dann diejenigen, die sie nicht ertragen können, verschwinden, vielleicht weil sie verrückt werden (es gibt bereits Beispiele) oder weil das menschliche Gehirn einen absoluten Widerspruch nicht ertragen kann. Wir können uns das im Voraus nicht vorstellen, aber die gute Nachricht ist, dass dieses Gericht kein Menschenwerk mit Armeen und Tötungen sein wird, es wird auch nicht das *Dār al-islām* oder das „Gebiet der Unterwerfung unter Gott" gegen das *Dār al-ḥarb* sein, und auch nicht das „Gebiet des Krieges" oder „die aufgeklärte Welt", die gegen den „Obskurantismus der Glaubensüberzeugungen" steht. Die Beseitigung des Antichrist, ad-Daǧǧāl, wird das Werk von al-Masīḥ sein, der auf den Wolken kommt!

33. Der Mahdī

Das Wort Mahdī bedeutet „der Geleitete", d. h. „der Wohlgeleitete." Viele Propheten und rechtschaffene Menschen können als „wohlgeleitet" bezeichnet werden. Da der Mahdī am Ende der Zeit steht, wird ihm ein weiterer Beiname verliehen: „der Erwartete."

Ein von Ibn Māǧa überlieferter Hadith besagt, dass der Prophet sagte: „Es gibt keinen Mahdī außer ʿĪsā ibn Maryam." Für Muslime ist ʿĪsā (Jesus) in der Tat nicht gestorben, sondern zu Gott hinaufgehoben worden (*Sure an-Nisāʾ/4:157-158*). Er wird am Ende der Zeit zurückkehren, aber das Wissen um die Stunde ist göttliches Vorrecht (*Sure al-Aʿrāf/7:187*).

Dieser Hadith wird jedoch von anderen widerlegt, und für den muslimischen Glauben ist der Mahdī nicht ʿĪsā (Jesus). Im 14. Jahrhundert überlieferte der berühmte syrische Rechtsgelehrte Ibn Taimīya, dass der Prophet sagte: „Sein Name wird derselbe sein wie meiner, und der Name seines Vaters derselbe wie meiner, d. h. Muḥammad b. ʿAbdallāh, und nicht ʿĪsā b. Maryam [ʿĪsā (Jesus) Sohn von Maryam]."

Manche Muslime glauben nicht an das Kommen des Mahdî, weil es weder im Koran noch im Originalteil der Hadith-Sammlungen von al-Buḫārī und Abū Muslim erwähnt wird.

Andere muslimische Historiker leugnen zwar nicht das Kommen des Mahdī, stehen aber den meisten Texten, die sich darauf beziehen, sehr skeptisch gegenüber: Der berühmte Historiker Ibn Ḫaldūn schreibt: „Wisse, dass die Muslime seit jeher davon überzeugt sind, dass am Ende der Zeit ein Mann aus der Familie des Propheten kommen muss, um die Religion wiederaufzurichten, die Gerechtigkeit wiederherzustellen, die Muslime zu leiten und die islamischen Nationen zu regieren; sein Name wird al-Mahdī sein. Das Erscheinen des Antichrist (*ad-Daǧǧāl*) und alle Ereignisse, die mit seinem Kommen zusammenhängen, werden aufeinander folgen; dann wird Isa herabkommen und den Antichrist töten, und der Mahdī wird ihm helfen, ihn zu vernichten. Es wird auch gesagt, dass der Mahdī das Gebet von ʿĪsā leiten wird. /.../ Von all den Erzählungen, von denen Imâme berichten, und die die Besonderheiten des Mahdî beschreiben und sein Kommen am Ende der Zeit vorhersagen, würden nur sehr wenige einer kritischen Prüfung standhalten, das wäre sogar sehr selten" (*Al-Muqaddima*, S. 330-331 und 342).

Im Laufe der Jahrhunderte wurden einige Personen als Mahdî angesehen, zum Beispiel der Sufi as-Sanūsī (1844-1902). Er kämpfte in Libyen gegen die Franzosen und Italiener, und seine Bewunderer behaupten, er sei nicht tot, sondern lebe im Verborgenen und sei der erwartete Mahdī. Ein weiteres Beispiel: Ibn Surayǧ widersetzte sich dem Gouverneur von Chorasan im Jahr 734 mit den Worten: „Die schwarzen Standarten gehören mir." Er hatte einen Gefährten, al-Karmānī, aber beide wandten sich schließlich gegeneinander. Die Truppen des falschen Mahdī wurden besiegt. Er wurde im Jahr 746 getötet. Ibn Tûmart wiederum, der um 1078 geboren wurde und von Berbern abstammte, bastelte sich seine eigene Genealogie zusammen, rief zum Dschihad gegen die Almoraviden auf und starb 1130. Kein muslimischer Historiker hat je den Versuch gewagt, die Hochstapler und Erleuchteten zu zählen, die versucht haben, sich als Mahdī des Islam auszugeben, aber alle sind sich einig, dass ihre Zahl beträchtlich war."[50]

Da der Islam nicht an die Göttlichkeit Christi glaubt und sein glorreiches Kommen mit einem materiellen, regionalen Ereignis verwechselt, ist der Islam strukturell anfällig für die Verführung durch einen falschen Mahdī (wenn es einen wahren Mahdī überhaupt geben könnte!). Ein Christ wird sicher niemals einen Mahdī, der einen materiellen irdischen Körper hat und einen regionalen Kampf führt, mit Christus verwechseln, der in Herrlichkeit wiederkommen wird, mit einem glorreichen Körper, der mit dem des auferstandenen Christus vergleichbar ist; dieser Christus manifestiert sich in der ganzen Welt.

34. Wie kann man sich auf das Gericht vorbereiten

Wie wir uns das Jüngste Gericht vorstellen (oder auch nicht), hat eine Auswirkung auf unser persönliches Leben und auch unser Leben in Gemeinschaft: Der Mensch ist das einzige Lebewesen, das sein Handeln auf die Zukunft hin ausrichtet – oder auf das, was er für die Zukunft hält. Selbst Atheisten organisieren ihr Leben auf diese Weise: für die einen ist die Zukunft ihrer Kinder der Grund, warum sie leben; für andere ist der Genuss von Macht und Reichtum der einzige Sinn des Lebens, während ein jeder meint, er sei ein kleiner Gott, der nach seinem eigenen Belieben über Gut und Böse bestimmen kann, wie es ihm gefällt, und solche atheistischen Gesellschaften sind sehr schnell okkulten Mächten unterworfen und Menschen, die sich als neue Götter aufspielen: ist nicht derjenige, der andere Menschen beherrscht und sie zu seinen Sklaven macht, in gewisser Weise ein ‚Gott‘? Die christliche Offenbarung hat eine solche Macht vorausgesagt, die danach strebt, sich auf die ganze Welt auszudehnen: „Es wird der Abfall kommen, und der Mensch der Gesetzwidrigkeit offenbar werden, der Sohn des Verderbens, der Widersacher, der sich über alles, was Gott oder Heiligtum heißt, so sehr erhebt, dass er sich sogar in den Tempel Gottes setzt und sich als Gott ausgibt" (2Thess 2:3-4). In der Vergangenheit wollten Menschen angebetet werden, weil sie sich für mehr als nur menschlich hielten; in gewisser Weise waren dies Vorformen desjenigen, welcher der weltweite Antichrist, ad-Daǧǧāl, sein wird.

Einem Hadith zufolge, der von Muslim überliefert wurde, sagte Der Prophet: „Ihr werdet gegen die arabische Halbinsel kämpfen und Allah wird euch den Sieg gewähren, dann werdet ihr gegen Persien kämpfen und Allah wird euch den Sieg gewähren, dann werdet ihr gegen die Römer kämpfen und Allah wird euch den Sieg gewähren, dann werdet ihr gegen den Antichrist kämpfen und Allah wird euch den Sieg gewähren."[51]

Es gibt Zehntausende von Hadithen. Man sagt, dass vierzig davon authentische Hadithen sind, aber welche, und in welcher Form sind sie erhalten? Dieser Hadith, der eindeutig aus der Zeit der Abbasiden stammt, besagt, dass die Muslime noch vor dem Jüngsten Gericht die Kräfte des Bösen besiegen können. Das ist die Hoffnung, welche Islamisten und andere antreibt; sie verwandelt sich aber jedes Mal in einen Albtraum, wenn man sie anwendet! Kann man sich darauf vorbereiten, indem man seine eigenen Vorstellungen als das Paradies ausgibt, oder ist das Gegenteil der Fall? Ein anderer Hadith von Muslim betont eher klassisch die entscheidende Rolle von ʿĪsā (Jesus), aber es ist ein Messias (= Christus im Griechischen), der als bewaffneter Kämpfer zurückkehrt: „Die Zeit wird nicht kommen, bevor nicht die Römer ihre Truppen in al-Aʾmāq oder ad-Dābiq stationiert haben [...] Während die Muslime sich darauf vorbereiten, ihn [den Antichristen] zu bekämpfen, wird ein Aufruf zum Gebet ergehen. Dabei wird ʿĪsā herunterkommen und dann das Gebet leiten. Wenn der Feind Allahs ihn sieht, wird er sich auflösen, wie sich Salz im Wasser auflöst. Wäre Allahs Befehl nicht gewesen, hätte er sich bis zum Tod aufgelöst, doch Allah wird ihn durch die Hand von ʿĪsā vernichten, und er wird ihnen sein Blut auf seinem Speer zeigen."[52] *Dābiq* ist auch der Name der Monatszeitschrift des „Islamischen Staates im Irak und in Syrien" (DAESCH – a*ad-Daula al-islāmiyya fīl-ʿIrāq waš-Šām*), die in London in Zusammenarbeit mit den britischen Geheimdiensten produziert wird. Jesus (*ʿĪsā*) hat nie zu den Waffen gegriffen, seine einzigen Waffen waren geistiger Natur; und natürlich hat er nie mit okkulten oder kriminellen Gruppen zusammengearbeitet.

Zerstört man den Antichristen, indem man lügt, stiehlt, Dschihad gegen Nicht-Muslime führt und die Überlebenden terrorisiert? Oder ist das Gegenteil der Fall? In diesem Hadith steht ein wahrer Satz: „Wenn der Feind Gottes ʿĪsā (Jesus) sieht, wird er sich auflösen wie Salz im Wasser". Das sagt die christliche Offenbarung, aber ohne das Bild des Salzes. Niemand kann eine die Guten von den Bösen trennen und den Antichrist beseitigen, bevor al-Masīḥ kommt, und niemand kann es an seiner Stelle tun. Nur Jesus kann das mit seinen Engeln tun (Mt 13:24-43).

Unsere Aufgabe ist es, uns auf das Reich vorzubereiten, das durch Jesus (*ʿĪsā*) kommen wird, ohne dass wir mit dem Bösen kollaborieren, aber indem wir mutig im Guten, in der Sanftmut und in der Frömmigkeit ausharren, und auf diese Weise bereiten wir uns auch auf unser eigenes Gericht vor.

35. Die Zeit des Friedens *nach dem* Tod des Antichrist

Die islamischen Überlieferungen besagen, dass nach der Vernichtung des Antichristen (*ad-Daǧǧāl*) durch ʿĪsā (Jesus) eine Zeit des Friedens auf die Erde kommen wird. Wie lange dauert das? Den Überlieferungen (oft Hadithen) zufolge reicht sie von sieben Tagen[53] bis zu vierzig Jahren und mehr.

Allerdings ist die Versuchung groß, dass man sich *vorzustellt, vor dem* Kommen von ʿĪsā (Jesus) würde es Jahre einer idealen Welt auf der Erde geben und diese ideale Erde wäre daher schon bald in der Reichweite islamischer Mächte – und zwar durch die Schneide des Schwertes. In diesem messianistischen Glauben spielt der Mahdī eine Schlüsselrolle, wie dieser Hadith beweist: „[Der Prophet sagte:] Der Mahdī wird unter den letzten Mitgliedern meiner Gemeinschaft sein. Allah wird für ihn einen starken Regen fallen lassen, die Erde wird dann eine überreiche Vegetation hervorbringen, er wird das Geld aus den öffentlichen Finanzmitteln so verteilen, wie es sich gehört, die Herden werden sich vermehren, die Gemeinschaft wird stark werden. Der Mahdī wird *sieben oder neun Jahre* leben" (*späte* Teile der Sammlungen von al-Buḫārī und Abū Muslim). Auch dieser andere Hadith besagt Ähnliches: „Der Mahdī ist einer aus meiner Nachkommenschaft, er wird eine breite Stirn und eine Adlernase haben, er wird die Erde mit Recht und Gerechtigkeit füllen, mit ebenso viel Eifer, wie sie durch Sündhaftigkeit und Unterdrückung verdorben wurde; er *wird sieben Jahre lang regieren*" (Abū Dāwūd as-Siǧistānī, al-Ḥākim).[54]

Weiter heißt es, dass der Mahdī ein Jahr lang an der Seite von ʿĪsā (Jesus) leben wird; er nimmt damit die Weltübernahme vorweg, die ʿĪsā zugeschrieben wird. Der Mahdī ist somit eine Siegerfigur des politischen Islam. Ein ebensolcher Traum allerdings – nur ohne Bezug zu Gott – wird dazu dienen, die Pläne der Globalisten zu rechtfertigen Viele dieser Globalisten sind mit satanischen Sekten verbunden. Was heißt das?

Es gibt Menschen, die das Ärgernis des Antichrist begrenzen, und das ist in Gottes Willen. Es wird jedoch keinen Mahdī geben, weder einen christlichen noch einen muslimischen oder einen anderen ; aber allen ist denen gemeinsam, dass sie vorgeben, das Paradies auf Erden zu errichten (und vielleicht auch daran glauben), während sie in Wirklichkeit daran arbeiten, die Weltmacht des Antichristen zu errichten.

Für den christlichen Glauben *wird* die Zeit des Friedens *auf* den Tod des Antichristen *folgen*, und es wird immer weniger Glauben geben, je näher er kommt! Dieser Friede der Friedenszeit wird nicht einfach die Abwesenheit von Feindseligkeit sein, sondern eine Fülle im Gnadenglanz des glorreichen Kommens von Christus al-Masīḥ. Dies ist ein universelles Ereignis, das sowohl das Gericht über den Antichrist ad-Daǧǧāl (2 Thess. 2:3-12) als auch die Verlebendigung der Gerechten (Hebräer 9:28) mit sich bringt. Die Erscheinungen des auferstandenen Christus lassen dies erahnen, denn da zeigte er sich in seinem „glorreichen Leib." Am Tag des Gerichts wird Jesus (*ʿĪsā*) in Herrlichkeit zurückkehren, um eine „Neuschaffung der Welt" (Matthäus 19:28) und „Wiederherstellung" (Apostelgeschichte 3:21) zu bewirken und die Herrschaft Gottes „auf Erden wie im Himmel" (Matthäus 6:10) zu vollenden. „Wer Gutes tut, kommt zum Licht" (Johannes 3:21): An jenem Tag werden nicht nur die Zeugen Jesu (*ʿĪsā*) mit ihm herrschen, sondern auch „alle, die das Böse abgelehnt haben" (Offenbarung 19:4). Dann werden sich die Menschen in der geistigen und glorreichen *Gegenwart* Christi und der Heiligen, die ihn begleiten werden, zu dem organisieren, was der heilige Irenäus um das Jahr 200 das ‚Reich der Gerechten' nennt, ‚das Vorspiel zur Unverweslichkeit, ein Reich, in dem diejenigen, die für würdig befunden wurden, sich allmählich daran gewöhnen werden, mit Gott in Berührung zu kommen.'[55] Dies nennt man auch symbolisch den 7. Tag, vor dem 8. Tag, der Ewigkeit, an dem Christus das Reich dem Vater ‚übergeben' wird (1 Korinther 15:22-28).

36. Der Mahdī: Schiitische Besonderheiten

Im Mahdī drückt sich eine tiefe Hoffnung der Schiiten aus. Wie viele Hadithe und historische Quellen zeigen,[56] hatte Muḥammad tatsächlich die Herabkunft von ʿĪsā al-Masīḥ auf die Erde (wahrscheinlich in Jerusalem, auf dem Ölberg) angekündigt. Diese Hoffnung, die sich nicht erfüllte, beseelte ʿAlī und seine Anhänger noch immer. Im Jahr 660 jedoch installierte Muʿāwiya, der Gouverneur von Syrien, die Macht der Umayyaden in Damaskus. Er war sehr pragmatisch und hatte nichts mit der Hoffnung zu tun, von der die Familie des Propheten immer noch beseelt war. ʿAlī, Muḥammads Schwiegersohn und Cousin, wurde im Jahr 661 ermordet, und sein Sohn Hassan, sein Nachfolger, wurde neun Jahre später vergiftet.

Hussein, ein weiterer Sohn von ʾAlī, nahm den Krieg mit den Anhängern der Familie des Propheten, die sogenannten Schiiten,[57] wieder auf und wurde in der Schlacht von Kerbala (680) getötet. Während die Umayyaden-Kalifen eine Art universelles religiöses Projekt entwickelten (der heutige sunnitische Islam war noch kaum erkennbar), entwickelten die besiegten Schiiten als Antwort auf das Scheitern ihrer irdischen Hoffnungen den Glauben *an einen verborgenen Imām oder einen verborgenen Mahdī*, der von ʿAlī abstammt. Der Imām ist „ein vertrauenswürdiger Beauftragter Allahs, der von Allah ernannt wurde. Er ist das Zeichen Allahs und Sein Stellvertreter auf Erden“:[58] er sollte daher bald einen idealen Zustand der Unterwerfung (= *islām*) herbeiführen. Ob er nun abwesend ist oder sich unter den Menschen versteckt, diese Figur ist ein Abbild der islamischen Figur des ʿĪsā, allerdings in einem eher politischen Verständnis.

Im Jahr 1979 rief sich der saudische Muḥammad b. ʿAbd Allāh al-Qaḥṭānī am Fuße der Kaʿba als Mahdī aus und löste damit einen Aufstand aus, der blutig niedergeschlagen wurde. Um 2005 verbreitete sich im Iran die Vorstellung, dass der zwölfte Imam zehn Jahrhunderte zuvor im Dorf Ğamkarān in der Nähe der heiligen Stadt Qom erschienen sei. Die erste Amtshandlung von Mahmud Ahmadineschād (iranischer Präsident von 2005 bis 2013) war die Finanzierung der entsprechenden Infrastruktur und der Erweiterung der Moschee.[59] Ihm zufolge kann „jeder Mensch mit dem [verborgenen] Imam sprechen.“[60] Bei den Vereinten Nationen erklärte er 2012: „Gott hat uns versprochen, dass ein Mann des Guten, der die Menschen und absolute Gerechtigkeit liebt, Imam Mahdī, ein vollkommener Mensch, in Begleitung von Jesus Christus und den Gerechten kommen wird [...] Er wird der Menschheit eine ewig strahlende Zukunft bringen, nicht durch Gewalt oder Krieg, sondern durch das Erwachen des Denkens und die Entwicklung des Guten in jedem. [...] Er wird einen Frühling bringen, der bald alle Gebiete in Asien, Europa, Afrika und den Vereinigten Staaten erreichen wird." In Wirklichkeit handelt es sich aber um ein Projekt, das zur schiitischen politischen Vorherrschaft in der Welt führen soll.

Im Vergleich zu den Vorstellungen vom Ende der Zeit, die schiitische (und auch sunnitische) Buchläden füllen, kündigte Jesus, der Sohn-*ibn* und nicht Kind-*walad* Gottes, erinnern wir uns daran, etwas an, das auch in sich selbst sehr einfach und unendlich vernünftig ist: Er wird auf den Wolken des Himmels kommen und gleichzeitig das Gericht über die Gottlosen und die Belebung der Gerechten bringen. Er sagt: „Ich preise dich, Vater, Herr des Himmels und der Erde, weil du das vor den Weisen und Klugen verborgen hast und es den Kleinen offenbart hast. Ja, Vater, so hat es dir gefallen. Alles ist mir von meinem Vater übergeben worden, und niemand kennt den Sohn, nur der Vater, und niemand kennt den Vater, nur der Sohn und der, dem es der Sohn offenbaren will" (Matthäus 11:25-27).

37. Der Mahdī: Besonderheiten bei den Sufis

In seiner Einleitung zum Rede über die Weltgeschichte von 1377 (*Al-Mu-qaddima*, Kapitel *Die Fatimiden*) erklärt der muslimische Historiker Ibn Ḥaldūn, wie sich die gnostische Lehre der Sufis entwickelte. „Was die ersten Generationen der Sufis betrifft, so waren ihre Anhänger nie in diese Art von Forschung [über den Mahdī] involviert. Sie lobten die geistige Erhebung durch Andachten und das Wohltuende der daraus resultierenden Erfahrungen und Erhebungszustände [...]. Die Ismailiten sprachen von der Vergöttlichung des Imāms (*ulūhiyya*) durch göttliche Einwohnung (*ḥulūl*); andere sprachen von der Rückkehr der verstorbenen Imame durch Seelenwanderung (*tanaṣṣuḥ*); wieder andere von der Wiederkehr derer, die durch den Tod von ihnen getrennt waren [...]. Die neuen Generationen der Sufis (*muta'aḫiran*) sprachen dann von Enthüllung (*kašf*) und von übersinnlichen Wirklichkeiten *ḥiss*.“[61]

Aus dieser gnostischen Lehre entstand auch der Glaube an die ‚Abdāls‘, jene Wesen, die den Madhī umgeben. „Dann sprachen die Sufis vom *Quṭb*, d. h. der obersten Elite der Eingeweihten. Sie sind der Meinung, dass nur der Mahdī den höchsten Rang in der Hierarchie der esoterischen Wissenschaften einnimmt.“[62]

Der strenge Islam dagegen lehnt den ganzen Sufismus ab, wegen seines gnostischen Gedankenguts und weil er Kreise von Eingeweihten aufbaut und die Vereinigung mit Gott predigt, die im Widerspruch zum Islam steht; aber kann man den Durst der Menschen, ihren Schöpfer zu kennen, verhindern? Einer der Meister des Sufismus, Ibn ʿArabī, der als Richter praktizierte und sehr ablehnend gegenüber Christen war,[63] ging so weit, den Mahdī über Muḥammad zu stellen; er musste ins Exil gehen. Als Erben vorislamischer gnostischer Strömungen suchen die Sufis nach einer inneren Kontrolle über ihr eigenes Leben, von dem sie behaupten, sie könnten es beherrschen, eine Kontrolle, die zur Offenbarung ihre eigenen verborgenen göttlichen Dimension führen würde. In Wirklichkeit, so erklärt die Bibel, tragen wir als Geschöpfe, die an der Spitze der Schöpfung stehen, ein Ebenbild Gottes in uns – weshalb Gott die Menschen liebt –, aber keine göttliche Dimension. Sufis benutzen oft Trancezustände, aber diese Zustände machen sie anfällig für Geister und gefallene Engel, die das Verderben der Menschen suchen. Das Evangelium weiß von diesem Problem:

„In ihrer Synagoge war ein Mensch, der von einem unreinen Geist besessen war! /.../ Da drohte ihm Jesus: ‚Schweig und verlass ihn!‘ Der unreine Geist zerrte den Mann hin und her und verließ ihn mit lautem Geschrei" (Markus 1:23-26).

In dergleichen gnostischen Art sprechen Ismaili-Muslime begeistert von Seelenwanderung und behaupten, in Kontakt mit den Geistern von Toten zu stehen. In der Bibel heißt es jedoch: „Niemand soll in deinem Haus gefunden werden..., der Geister und Wahrsager befragt, welche die Toten anrufen" (Deuteronomium 18:10-11). Und: „Saul starb, weil er dem Herrn untreu war und sein Wort nicht hielt und weil er die Totenbeschwörer befragte" (1Chr 10:13). Und: „Wenn jemand zu dir sagt: ‚Befragt die Totenbeschwörer und die Wahrsager, die zischen und seufzen‘, dann antworte: ‚Befragt ein Volk nicht seinen Gott? Sollen sie die Toten für die Lebenden fragen?‘" (Jesaja 8:19).

Auf dem Berg Karmel zeigte der Prophet Elia vor dem Volk die Nutzlosigkeit und Ohnmacht von Trancezuständen (die von den Propheten Baals vergeblich eingesetzt wurden), im Gegensatz dazu bewirkt das einfache und vertrauensvolle Gebet zum Herrn Wunder (1 Könige 18:20-39).

38. ʿĪsās Stammbaum von Adam an: der Sinn von Geschichte

In der Sure *Āl ʿImrān*/3 wird Maryam, der Reinsten, und damit ʿĪsā al-Masīḥ (Jesus der Messias) ein berühmterer Stammbaum verliehen. „Allah hat Adam, Noah, die Familie Abrahams und die Familie ʿImrāns überall in der Welt (*ʿālamīn*) als Nachkommenschaft voneinander erwählt. Allah ist allhörend und allwissend" (K3:33-34). Dies ist eine Zusammenfassung der Genealogie aus dem Lukasevangelium (Lukas 3:23-38), wie sie von den frühen christlichen Schriftstellern gelesen wurde: Das zeigt ihre Bedeutung.

Der heilige Paulus schreibt, dass Jesus in gewisser Weise der neue Adam ist (Römer 5). Was hier betont wird, ist die Sinnhaftigkeit von Geschichte: Mit Jesus beginnt ein neuer Anfang. Warum war dies notwendig? Es ist klar, dass sich die Menschen seit Adam, der im Koran als „Platzhalter (*ḫalīfa*) Gottes auf Erden" (K38:26) qualifiziert wird, von Gottes Willen abgewandt haben.

Es ist bekannt, dass die Worte Satans (*Šaiṭān*) Adam und seine Frau Eva von Gott abwendeten. Von daher kommt sicher die Idee, dass für die Rückkehr in den Zustand des unschuldigen Adam andere Worte, diesmal von Allah, ausreichen würden, zum Beispiel die Schahada. Wenn solche Worte, die dreimal oder sogar noch tausendmal wiederholt werden müssen, ausreichen würden, um zur Unschuld Adams zurückzukehren, wäre das Paradies auf Erden schon längst wiederhergestellt worden. In Wirklichkeit ist das Böse nicht oberflächlich, es prägt Adam und Eva tief, nachdem sie dem Bösen (*Šaiṭān*) zugehört haben, und auch ihre Nachkommen sind davon gezeichnet. In jedem Menschen steckt ein Einverständnis mit dem Bösen, das in nur geringem Maße auf den Einfluss seiner Familie zurückzuführen ist. Was das Paradies auf Erden betrifft, so ist es nicht nur nicht errichtet worden, sondern an seiner Stelle wird gerade ein System der Unterdrückung der ganzen Welt errichtet, das sie ins Elend stürzt. Kein einziges Land hat sich wirksam dagegen gewehrt, auch die Ländern nicht, in denen der Islam ‚Staatsreligion' ist. Und es gibt keinen Frieden: Selbst muslimische Regierungen spielen bei den Manipulationen des Staates Israel mit.

Ja, die Beherrschung durch das Böse geht tief. Wäre es nicht so, würde der Antichrist – der Anti-Masīḥ – der Anti-ʿĪsā – nicht so leicht Anhänger finden, und wir fangen an zu erkennen, wer sie, auf dem Hintergrund einer globalen Sklaverei, sein werden oder bereits sind. Der Islam hat sich nie gegen die Sklaverei ausgesprochen: Er hält eine Sklaverei durch Muslime für gut – nur die Sklaverei durch Nicht-Muslime wäre schlecht. In Wirklichkeit ist die Sklaverei in den Augen Gottes ein Gräuel, ebenso wie jeder Sklavenhandel.

Die größte Sklaverei kommt aber durch die Lüge, die mit den falschen Worten Satans (*Šaiṭān*) zu Adam und Eva begann. Nur jemand, der die Statur eines neuen Adam hat, kann uns davon befreien. Es hat ihn viel gekostet, und sein Werk ist noch nicht vollendet: Wir sind aufgerufen, daran mitzuarbeiten und auf den Tag zu warten, an dem die Ernte reif sein wird (Matthäus 13:40-43), und an dem er kommen wird, um zu richten.

Wenn die Geschichte einen Sinn hat, dann ist es der einer Befreiung aus dem Griff des Bösen und vor allem aus seinen Lügen, und ein Wendepunkt markiert die Geschichte der Welt, zwischen dem

– was von Adam bis ʿĪsā al-Masīḥ geschah,

– und dem was danach geschah, von ʿĪsā al-Masīḥ bis zum heutigen Tag und in Erwartung des Tages des Jüngsten Gerichts. Und es wird einen zweiten Wendepunkt nach diesem Tag des Gerichts geben, wenn die Menschheit sich ʿĪsā al-Masīḥ zugewendet hat. Jeder wird entdecken, wie sehr er von Gott geliebt wird, bis zu dem Punkt, dass er bereit ist, mit ihm zusammenzuarbeiten, und wir werden dem Ziel und der Größe entgegengehen, für die Adam geschaffen worden war.

39. Einer Macht unterworfen sein oder im Göttlichen Willen leben?

Es besteht ein Unterschied zwischen der Befolgung von Befehlen, die durch einen Vermittler angeblich von Gott kommen, und dem Versuch, im Göttlichen Willen zu leben. Der Unterschied ist noch größer, wenn diese Anordnungen durch staatlichen Zwang durchgesetzt werden und nicht durch das Gemeinwohl gerechtfertigt sind.

Moses (*Mūsā*) war ein Vermittler, der dem hebräischen Volk und der Welt die Zehn Gebote Gottes vorstellte, von denen die meisten Verbote sind. Das kann man bedauern, aber man kann keinen Menschen dazu zwingen, das Gute zu tun; die Gesetze dienen dazu, sie unter Androhung von Strafen so weit wie möglich davon abzuhalten, das Böse zu tun. Die Gesetze, die Mūsā (Moses) gegeben wurden, dienen dazu, das Böse aufzudecken und es zu bekämpfen.

Was dann? Die Macht Satans (*Šaiṭān*) kann nicht durch Gesetze beseitigt werden. Die einzige Möglichkeit ist, mit etwas verbunden zu sein, das mächtiger ist als er: an das Leben Gottes selbst. Jesus, ʿĪsā al-Masīḥ kam, um uns eine solche Verbindung zum Leben zu bringen; sie macht es möglich, nicht nur das Böse zu vermeiden, sondern auch das Gute wirksam zu tun.

Nach Jesus, ʿĪsā al-Masīḥ, wollten sich Menschen als neue Vermittler zwischen Gott und die Menschen stellen, weniger nach dem Vorbild von Moses, der die Gesetze brachte, als nach dem Vorbild von Jesus: Sie behaupteten, sie würden das Gute auf die Erden bringen und es verwirklichen. Und als Vermittler behaupteten sie auch, dass man ihnen bei Todesstrafe gehorchen müsse, während sie Leben zerstörten. Aber Jesus selbst ist kein solcher Vermittler. Er sagt von sich selbst, dass er die Tür und auch der Weg ist. Das ist etwas ganz anderes. Er ist das Leben, das vom Vater kommt.

Die christlichen Heiligen haben dies sehr gut verstanden und oft darüber geschrieben, manchmal sogar mit Worten, die sie von Gott in ihrem Herzen empfangen haben, wie zum Beispiel Luisa Piccarreta: „Meine Tochter, in meinem Willen zu leben bedeutet, das Leben zu leben, das dem der Seligen im Himmel am ähnlichsten ist. Es ist sehr weit entfernt vom Leben der Seele, die sich einfach meinem Willen anpasst und ihn tut, indem sie treu seine Befehle ausführt. Der Abstand zwischen den beiden ist so groß wie zwischen Himmel und Erde, so groß wie zwischen einem Sohn und einem Diener und zwischen einem König und seinem Untertan."[64] Und: „Damit mein Wille herrschen kann, brauche ich keine andere Menschheit [also keinen anderen Vermittler], sondern ich will den Seelen eine solche Kenntnis von meinem Willen vermitteln, dass sie angezogen werden von seinen Wundern, seiner Schönheit, seiner Heiligkeit und den unermesslichen Vorteilen, die sich daraus ergeben, und sich seinem Reich mit vollkommener Liebe unterwerfen können."[65]

Dann versteht man besser, was das glorreiche Kommen Jesu ('Īsā al-Masīḥ) sein wird, das nicht nur das Reich des Antichrist, ad-Daǧǧāl, vernichten wird, sondern es wird alle, die das Reich des Lichts und der Wahrheit angenommen haben, das sich in Jesus manifestiert hat, in den göttlichen Willen versetzen. Seine Herrschaft wird darin bestehen, dass die Menschen sich ihm zuwenden und sich damit von Satan abwenden, der sie nicht mehr verführen kann (symbolisch wird seine Macht ‚angekettet‘, so der Text der Apokalypse - Offb 20:1-2). Sie müssen ihr Leben dann so gut wie möglich zum Wohle aller gestalten.

Gott verlangt nicht von uns, dass wir träumen, sondern dass wir auf sein Reich hoffen, indem wir es vorbereiten und es jetzt schon zu leben versuchen. Wie können wir das tun? Vor allem, indem wir in unserem Leben beabsichtigen, den göttlichen Willen zu tun, und dieser Segen strahlt von uns aus.

Anmerkungen

[1]Siehe Françoise BREYNAERT, *Parcours biblique*, Parole et Silence, 2016.

[2]Papst Pius IX, Bulla *Ineffabilis Deus* (1854).

[3]Vgl. insbesondere Kapitel 10 des Dekrets über die Rechtfertigung des Konzils von Trient aus dem Jahr 1547. Eine Lehre, die bereits auf dem Konzil von Orange, zur Zeit, als die Kirche noch nicht geteilt war, vertreten wurde.

[4]Codex A-144 aus Tiflis, beschrieben in M. VAN ESBROECK, *Les plus anciens homéliaires géorgiens : étude descriptive et historique*, Louvain-la-Neuve, Université Catholique de Louvain, Institut Orientaliste, 1975, 37-49.

[5]M. VAN ESBROECK, Nouveaux apocryphes de la Dormition conservés en géorgien, *Analecta Bollandiana* 90, 1972, 365.

[6]Abdellah BOUNFOUR, *De l'enfant au fils, Essai sur la filiation dans les* Mille et une nuits, Brill, Leiden, 1995, 6.

[7]Dieser und die Übersetzung der beiden folgenden Verse (Joh 6,38; 8,42) sind die der Autorin auf der Grundlage des Textes der syrischen Peshitta.

[8]2. Laterankonzil des Jahres 649.

[9]Vgl. Joseph AZZI, *Le prêtre et le prophète : aux sources du Coran*, Maisonneuve & Larose, Paris 2001, 169.

[10]Luisa PICCARETTA, *Die Königin des Himmels im Reich des göttlichen Willens auf Erden*, Resiac, Montsûrs 2000, 84-86 (18. Tag).

[11]In seinem Korankommentar *Tafsīr al-kabīr*. Für eine französische Übersetzung s. *Se Comprendre* N° BLE/81 – 29 septembre 1976, 6-8. Online abrufbar: https://www.pisai.it/media/409865/-ble_81-septembre-1976.pdf.

[12]Luisa PICCARRRETA, *Die Königin des Himmels im Reich des göttlichen Willens auf Erden*, Resiac, Montsûrs 2000, 84-86 (18. Tag).

[13] https://oumma.com/les-6-piliers-de-la-foi-de-lislam/.

[14]AL-BUKHARI, *Die Übersetzung der Bedeutungen des Sahih von Al-Bukhari*, Band 8, Medina 1970, S. 387.

[15]Sie erwähnt die Juden, „die Gott verflucht hat, gegen die Er zornig ist" (Sure 5,60); und nach den Versen 72 und 73, die eindeutig auf die Christen abzielen, heißt es in Vers 77, dass sie „Menschen sind, die bereits in die Irre gegangen sind, die viele in die Irre geführt haben und die in die Irre gehen" (dreimal mit dem Verb *ḍallala*, Sure 5,77).

[16]Übersetzung nach J. GIJSEL, in: F. BOVON und P. GEOLTRAIN (Hrsg.), *Écrits apocryphes chrétiens I*, La Pléiade, Paris, 1997, 138.

[17]Vgl. Guillaume DYE, „Lieux saints communs, partagés ou confisqués : aux sources de quelques péricopes coraniques (Q 19 : 16-33)", in: Isabelle DÉPRET und Guillaume DYE (Hrsg.), *Partage du sacré : transferts, dévotions mixtes, rivalités interconfessionnelles*, Bruxelles-Fernelmont, EME, 2012, 55-121.

[18]Eine ausführliche Diskussion dieses Vorschlags findet sich in Christoph LUXENBERG, *The Syro-Aramaic Reading of the Koran*, Schiler, Berlin 2007, 135-142.

[19]Übersetzung von J. GIJSEL, in: F. BOVON und P. GEOLTRAIN (Hrsg.), *Écrits apocryphes chrétiens I*, La Pléiades, Paris 1997, 138.

[20]Im sog. „Kindheitsevangelium nach Thomas" (KThom) 2, 2-5. Vgl. Gerhard SCHNEIDER (Hrsg.), *Evangelia infantiæ apocrypha / Apokryphe Kindheitsevangelien*, Fontes Christiani, I. Folge, Band 18, Herder, Freiburg 1995, 147–171.

²¹Die Identifizierung des Felsens, um den die Kuppel gebaut ist, als Ausgangspunkt der Aufstiegs-Miraj zum Himmel erscheint in den Quellen nicht vor dem 10. Jahrhundert, vgl. J. und D. SOURDEL, „Coupole du Rocher", *Dictionnaire historique de l'islam*, Paris, PUF, 2004, 224.

²²Oleg GRABAR, *Die Entstehung der islamischen Kunst*, Paris, Flammarion, 2000, 73-74.

²³Philon von Alexandria, *Légation à Caius*, übersetzt von DELAUNAY, Paris, Didier, 1870, 310 (§ 118).

²⁴Von dieser Wurzel stammt ebenfalls das hebräische *Qiddūš*, das Gebet über Brot und Wein am Schabbat, oder der Ausruf *qādōš*, „Heilig, heilig, heilig" der Seraphim im Tempel (Jes 6:3).

²⁵*aš-Šarq al-Ausaṭ*, 21. März 2004.

²⁶Offizieller Informationsdienst der Palästinensischen Autonomiebehörde, 21. März 2004.

²⁷*al-Waṭan*, 22. März 2004.

²⁸D. h. *bismi 'llāhi 'r-raḥmāni 'r-raḥīmi* „Im Namen des barmherzigen und gnädigen Gottes."

²⁹Die Abschriften der Version von Ubaiy ibn Kaʿb entgingen nicht der systematischen Zerstörung von Dokumenten im siebten und achten Jahrhundert durch die islamischen Behörden, aber dank der erhaltenen Zitate daraus kennen wir seine Version des Verses 61 der Sure 6.

³⁰Die alten muslimischen Kommentatoren waren mit solchen syrisch-aramäischen Traditionen noch sehr vertraut.

³¹Wurzel *yd*, vgl. *yad* „Hand. " Derselbe in 2, 253 und 5, 110.

³²Kodikologische Studien unterstreichen dies.

³³Zu dem theologisch bedingten redaktionellen Übergang vom „Heiligen Geist" zum „Geist der Heiligkeit" siehe die ausgezeichnete Studie: Édouard-Marie GALLEZ und Muhammad LAMSIAH, Suspicions of Ideological Manipulation and Codicology: A Provisional Synthetic Approach, in M. GROSS u. K.-H. OHLIG (Hrsg.), *Die Entstehung einer Weltreligion III. Die heilige Stadt Mekka – eine literarische Fiktion*, Schriften zur frühen Islamgeschichte und zum Koran Band 7, Berlin, Schiler, 2014, 367-370.

³⁴„Rede zu den Kindern Israels und sprich zu ihnen: Wenn ein Mann oder eine Frau ein Nasiräer-Gelübde ablegt, um sich JHWH zu weihen, soll dieser Nasiräer sich des Weins (*yayín*) und der alkoholischen Getränke (*šēḵār*) enthalten [...]; er oder sie soll keinen Saft (*mišraṯ-*) der Trauben trinken, noch frische Trauben oder Sultaninen essen" (Numeri 6:1-3).

³⁵Sie feierten mit Wasser statt mit Wein - vgl. IRENÄUS, *Gegen die Häresien* v, 1, 3, Übers. A. ROUSSEAU, SC 153, 25-27; EPIPHANIOS, *Panarion* 30, 16 – PG 41, 432.

³⁶Geboren um 10 v. Chr. und gestorben um 44 in Cäsarea, Enkel von Herodes dem Großen, er war der letzte jüdische König von Judäa.

³⁷Flavius Josephus berichtet über das Erstaunen der Menge beim Anblick von Herodes Agrippa: „Bislang haben wir dich als Mensch verehrt, aber jetzt erkennen wir, dass du von Natur aus den Sterblichen überlegen bist!" (*Jüdische Altertümer* xix, 345).

³⁸Targum Jonatan zu Genesis 49,10-12.

³⁹Ibn Ḥaldūn, *Al-Muqaddima*: Étienne Marc QUATREMÈRE und William MacGuckin DE SLANE (Hrsg.), *Les prolégomènes*, Bd. 2, Paris, 1934, 273.

⁴⁰Irenäus, *Gegen die Häresien*, v, 32, 1 (s. Note 35).

⁴¹Im Neuen Testament: Mt 3:12; Mt 13:36-43; 2Th 2:8 usw.

⁴²Nr. 1812 in der Sammlung von Scheich Ṣubḥī Ṣāliḥ, *Manhal al-Wāridīn*, (Kairo) al-Maktabah al-ʿIlmiyah, 1980.

⁴³M. BENCHILI, *La venue du Mahdî selon la tradition musulmane*, Éditions Tawhid, 2009, 44.

⁴⁴BENCHILI, *op. cit.*, 56.

⁴⁵Siehe /www.lci.fr/sciences/il-devient-fluorescent-lorsqu-on-pointe-un-smartphone-demain-un-carnet-de-vaccination-sous-la-peau-2140786.html oder Whitney Webb, https://www.mondialisation.ca/le-coronavirus-stimule-dangereusement-lagenda-sombre-de-la-darpa/5645277.

⁴⁶Sophronius von Jerusalem, (550-639), *Predigt über die Theophanie* (oder *Die Heilige Taufe*) 13-167,2.

⁴⁷Hier und im Folgenden aus der Sammlung von Scheich Ṣubḥī Ṣāliḥ, *Manhal al-Wāridīn*, (Kairo) al-Maktabah al-ʿIlmiyah, 1980.

⁴⁸M. BENCHILI, *La venue du Mahdî selon la tradition musulmane*, Éditions Tawhid, 2009, 54.

⁴⁹Zitiert von M. BENCHILI, *La venue du Mahdî selon la tradition musulmane*, Éditions Tawhid, 2009, 68-69.

⁵⁰M. BENCHILI, *La venue du Mahdî selon la tradition musulmane*, Éditions Tawhid, 2009, 20-34.

⁵¹M. BENCHILI, *La venue du Mahdî selon la tradition musulmane*, Éditions Tawhid, 2009, 64.

⁵²BENCHILI, *op. cit.*, 68-69.

⁵³Nr. 1808 aus der Sammlung von Scheich Ṣubḥī Ṣāliḥ, *Manhal al-Wāridīn*, (Kairo) al-Maktabah al-ʿIlmiyah, 1980.

⁵⁴M. BENCHILI, *La venue du Mahdî selon la tradition musulmane*, Éditions Tawhid, 2009, 73.

⁵⁵Irenäus, *op.cit.*, v, 32, 1 (note 35).

⁵⁶Siehe www.lemessieetsonprophete.com/annexes/Messie_de_Mahomet-1.pdf und www.le\-messieetsonprophete.com/annexes/Messie_de_Mahomet-2.pdf.

⁵⁷www.al-islam.org/node/40974.

⁵⁸Siehe de.wikipedia.org/wiki/Dschamkar%C4%81n-Moschee.

⁵⁹Siehe www.learnreligions.com/who-is-the-12th-imam-3555177.

⁶⁰Siehe www.latinospost.com/articles/4598/20120926/ahmadinejad-un-general-assembly-2012-live-transcript-united-nations-review-recap-video.htm.

⁶¹M. BENCHILI, *La venue du Mahdī*, Éditions Tawhid 2009, 117.

⁶²Benchili, *op. cit.*, 47.

⁶³Giuseppe SCATTOLIN, Soufisme et Loi dans l'Islam : un texte de Ibn ʿArabī sur les sujets protégés (*ahl aḏ-ḏimma*), in, *L'Orient chrétien dans l'empire musulman – Studia Arabica* n° 3, Versailles, Éditions de Paris, 2005.

⁶⁴Luisa PICCARRETA, 18. September 1924.

⁶⁵Luisa PICCARRETA, 6. Juni 1926.

MIX
Papier aus verantwortungsvollen Quellen
Paper from responsible sources
FSC® C105338

Printed by Books on Demand GmbH, Norderstedt / Germany